中国教育科学院2020年度基本科研业务费专项资金院级一般项目“普通高中育人模式整体建构研究”（GYC2020005）的阶段性研究成果

走向多元：
高中育人模式整体建构的理论与实践

李建民 等 著

天津大学出版社
TIANJIN UNIVERSITY PRESS

图书在版编目(CIP)数据

走向多元：高中育人模式整体建构的理论与实践/李建民等著. —天津：天津大学出版社，2023.6

中国教育科学院2020年度基本科研业务费专项资金院级一般项目“普通高中育人模式整体建构研究”（GYC 2020005）的阶段性研究成果

ISBN 978-7-5618-7483-7

Ⅰ.①走… Ⅱ.①李… Ⅲ.①高中－教育模式－研究－中国 Ⅳ.①G632.0

中国版本图书馆CIP数据核字(2023)第094077号

出版发行 天津大学出版社
地　　址 天津市卫津路92号天津大学内（邮编:300072）
电　　话 发行部:022-27403647
网　　址 www.tjupress.com.cn
印　　刷 廊坊市海涛印刷有限公司
经　　销 全国各地新华书店
开　　本 710mm×1010mm　1/16
印　　张 10
字　　数 115千
版　　次 2023年6月第1版
印　　次 2023年6月第1次
定　　价 40.00元

前　言

普通高中是高中阶段教育的重要组成部分，是国民教育体系的总要环节，更是各类人才培养的“蓄水池”。在人的一生中，15~17岁正是人生观、价值观、世界观形成的关键阶段，接受怎样的高中教育在很大程度上影响着人才培养的质量，更关乎“为谁培养人”的根本问题。从学理上探讨普通高中育人模式及其建构问题对于提升普通高中教育质量无疑具有重要意义。

我国高中阶段教育发展已进入后普及时代，发展的重点已经从通过教育规模扩张实现“有学上”转变为通过质量提升实现“上好学”。《中国教育现代化2035》在全面布局教育现代化建设蓝图的过程中，提出“全面普及高中阶段教育”的主要发展目标，并在战略任务中进一步提出“推动各级教育高水平高质量普及”“提升高中阶段教育普及水平，推进中等职业教育和普通高中教育协调发展，鼓励普通高中多样化有特色发展”，对我国高中阶段教育发展提出更高要求。普通高中在面向教育现代化2035的建设进程中承担着提升育人质量、促进高中阶段教育高水平高质量普及的关键性任务。为此，国务院办公厅2019年出台的《国务院办公厅关于新时代推进普通高中育人方式改革的指导意见》从综合素质评价、课程实施、教学组织管理、学生发展指导等多个方面提出普通高中育人方式改革路径。由此可以看出，高质量发展已成为高中阶段教育，尤其是普通高中教育发展的核心政策要求，提升质量的关键在于转变普通高中育人模式。育人模式如何理解和建构等仍是需要进一步探讨的理论性问题。

普通高中育人质量的提升将越来越依赖普通高中“软件”的装备及其有效运用，集中表现为学校层面育人模式的变革。普通高中育人质量受到办学条件、师资队伍、管理水平等多方面因素的影响。在教育经费投入水平达到4%以后，“硬件”因素，包括装备配置问题、场馆建设问题等在其他条件尤其是“软件”条件基本保持不变的情况下，对普通高中育人质量提升的作用越来越接近其作用边际。在普通高中传统育人方式下，学生个性化需求实际上没有得到充分满足，相关政策支持体系、学校管理要素的组织乃至学校课程及课堂教学的组织设计基本都是遵循教师中心论的思维方式，更多关注高考这一高利害考试的要求，缺乏对个性化需求、对育人的整体性考虑和回应。

本书以宏观层面普通高中育人方式改革为基本背景，着眼于学校中观层面育人模式整体建构，基于广东、山东、四川等地学校开展实践探索的分析，探讨普通高中育人模式整体建构的基本理论与基本方法，对于普通高中改进发展方式、实现高质量发展具有理论和实践指导意义。

编者

2023年2月

目　录

第一章　学校发展方式及其转型的理论探讨

学校是现代社会的重要机构，通过培养下一代实现社会文明的传承与发展。立德树人根本任务能否实现、实现得好不好关键在于学校层面能否准确把握国家教育政策要求，并结合所在区域和学校自身的实际情况进行校本化落实，因此理清现代社会中的学校，认清其发展方式及其转变尤为重要。

第一节　了解学校

一、学校的基本概念

学校是指教育者有计划、有组织地对受教育者进行系统的教育活动的组织机构。学校教育只是教育活动中相对于家庭教育、社会教育的一种形态。学校是社会发展到特定程度而分化出来的专门化和制度化的教育形态组织，其功能是学校之所以称之为学校的内在规定性，也是学校的特征和本能的外在表现。

学校教育是由专职人员和专门机构承担的有目的、有组织、有计划，以影响受教育者的身心发展为直接目标并最终使受教育者的身心发展达到预定目的的社会活动。受教育者在各类学校内所接受的各种教育活动，是教育制度的重要组成部分。学校教育的具体活动受到社会需求的影响，必须符合社会发展趋势，承担着对社会输送人才的职能。一般说来，学校教育包括初等教育、中等教育和高等教育；按照受教育水平高低，学校主要分为五种，即幼儿园、小学、初中、高中和大学；按照所包含学段情况，学校有九年一贯制学校、完全中学、十二年一贯制学校等。

作为微观教育组织的学校为了实现其目标，应该提供相应的功能，这是组织赖以存在的基础。具体而言，学校是一个“松散联盟”和“底部沉重”的组织。之所以称其为“松散联盟”，是因为学校并非完全理性的实体，学校虽然有宽泛的目标期望供参考，但是由于人的可变性，学校作为“人在中央”的组织，深受并非清楚无误和不可预见的事物影响。同时，各个学校差异较大，环境独特，必须不断根据变化来调整自身期望。“底部沉重”则表现为教师群体在学校组织中占据重要地位，但教师群体具有专业权力和自主自律的特点，因此学校组织受基层教师影响巨大。作为微观教育组织的学校，具有高度社会化的特点。

二、学校的基本功能

功能在社会科学视野中是一个中性概念，泛指构成某一社会系统的要素对系统的维持和发展所产生的一切影响和作用。随着学校功能呈现多样化状态，可以说学校是集多种功能于一体的组织。帕森斯指出，组织应该包括四种基本功能，即适应功能、目标达成功能、整合功能和模式维持功能[①]。教育组织的功能在于将某种源远流长的文化传递给新一代[②],现代学校功能旨在实现学生全面而有个性的发展[③],这是学校的固有功能。但是，学校还具有诸多非学校的固有功能，它们存在于学校之中，是学校无法舍弃的派生功能，这是学校组织在权利、义务、责任范围内之所属的功能。例如，乡村学校在传播先进科技文化、凝聚基层建设力量、培育高素质新型农民等方面的作用不可替代[④]，客观上承担着乡村文化教育中心的功能。伴随社会的发展变化，学校功能正不断变化，现代学校组织是培育理性和素养的精神家园。随着人们对身心全面发展意识的加强，学校在心理健康教育、营养就餐服务等功能方面被赋予更高的期待，学校功能也有所改变。从学校组织结构角度来看，学校功能并非仅为“教育”。一般而言，学校的常态组织结构包括教务机构、德育机构、总务机构、党群组织（党组织、团队组织、学生自治组织、教师自治组织、家长和社区参与组织等），不仅包括涉及学生发展的主要业务部门，还包括承载着后勤服务、群众团结、外部联系等多样化功能的组织机构。虽然这些功能都服务于学生及其教育，但实质上并不局限于学生及其教育。

总体而言，学校具有个体发展、组织实现、区域贡献等三大功能，实现这三大功能离不开学校固有功能和主体功能——教育功能的基础支撑，因而，教育功能备受学校所重视和珍视。同时，也必须要看到学校

① 张敦福. 现代社会学教程.2 版[M]：北京：高等教育出版社，2007.

② 涂尔干. 教育思想的演进[M]. 北京：商务印书馆，2016.

③ 李凌艳. 基于学生发展的学校自我诊断[J]. 教育研究，2017（1）：124-131.

④ 萧放，王宇琛. 发挥乡村学校的基层治理体系塑造功能[J]. 社会治理，2018（6）：67-70.

教育功能是有限的，是正负双向存在的，我们需要正视这种情况的存在，意识到学校教育功能并非万能，甚至有时可能“无能”。必须警惕学校和学校教育“万能”的误区，且宜将“有无意义”而非“有无用处”作为学校功能的价值判定标准，并在理论表述和实践操作中明确区分教育问题、学校问题、学校功能问题与学校教育功能问题，明晰究竟是哪个层级、哪个环节、哪种功能出现了何种问题，才能真正解决问题，从而促进学校和学校教育的发展。

三、学校的现实形态

近代以来，学校的形态在教育思想更迭的推动下不断发生变化，先后出现了欧洲新教育运动推动下的“新学校”、美国进步主义教育思想影响下出现的更加关注儿童在教育过程中地位的学校、杜威实用主义教育思想下出现的学校模式等。

19 世纪末至 20 世纪初，欧洲出现的新教育运动旨在建立与旧式的传统学校在教育目的、内容、方法上完全不同的新学校，因此也称“新学校运动”。新学校，特别是最初在欧洲开办的一些新学校，一般属于私人或私人团体设立的中等寄宿学校，招生对象局限于特定阶层且学费昂贵。学校大多设在乡村或大城市的郊区，周围环境幽静，风景优美，设备优良、舒适，人数不多，采取家庭式教育管理模式。这些学校重视体育、手工、园艺活动，以此培养学生的观察能力、审美能力和独创精神。在教学内容上重视现代人文科学与自然科学课程。在教学方法上，反对体罚，重视儿童兴趣与思维能力的发展，注重实际活动和知识的运用。在道德教育上，主要灌输资产阶级民主、合作的观念，培养儿童的责任心和进取心，并要求把体育、智育、手工活动等作为进行道德教育的重要过程。1889 年，英国教育家雷迪创办了欧洲第一所新学校，即艾伯茨霍姆学校。雷迪建立新学校的原则是把学生培养成为个性、能力、智慧、体力以及手工技巧等都充分发展，能够自主独立的人；反对死学书本，要求教育与生活相联系，使理论与实际结合起来。

20 世纪上半叶，进步主义教育思想在美国盛行，对当时的美国学校教育产生相当大的影响。其主要的理论和方法有：前期的帕克的昆西教学法、约翰逊的有机教育学校、沃特的葛雷制；后期的儿童中心取向的帕克赫斯特的道尔顿制、华虚朋的文纳特卡计划及社会中心取向的教育理论和实验等。主要观点有以儿童为中心的学生观、以生活为内容的课程观、以解决问题为方法的教学观、淡化权威意识的教师观、强调合作精神的学校观。进步主义教育运动及其思想是美国教育界对美国社会现代化过程中的一系列重大变革所引发的挑战的回应，是现代城市工业文明条件下改革美国教育的一种努力和选择。被称为进步教育之父的帕克尔（Francis Wayland Parker，1837—1902）受欧洲自然主义思想影响，1870 年首先引进新教学方法的实验，提出“教育要使学校适应儿童，而不是使儿童适应学校的”的理念。

19 世纪末产生于美国的实用主义教育思想，主张以儿童为中心，师生民主平等。这一思想对 20 世纪二三十年代中国的师生关系产生了很大的影响。美国哲学家、教育家约翰·杜威是其倡导者和最主要的代表。实用主义教育思想在批判传统教育理论不顾儿童个性特点和社会生活不断变化的需要的基础上，主张教育即生活，教育即经验的不断改造，学校即社会；强调以儿童为中心，批评旧教育的重心在教师和教科书上，认为儿童才是教育的中心，如同地球围绕着太阳旋转一样，教师的作用在于根据学生的特点和需要来组织和指导学生进行活动；重视儿童的经验、兴趣和需要，强调儿童发展的主动性、创造性，强调以儿童为主体的教学实践，即“做中学”；认为教育过程是师生共同参与、合作完成的过程，主张师生平等。杜威提出：“要使教育过程成为真正的师生共同参与的过程，成为真正合作的相互作用的过程，师生两方面都是作为平等者和学者来参与的。”换言之，实用主义教育在强调以儿童为中心的同时，也主张建立一种民主平等的师生关系。在实用主义教育思想的影响下，美国建立起一套以儿童中心为指导原则的学校教育体系。

第二节　学校发展

一、学校发展的内涵

概念是事物本质的反映。“发展”是一个多义词，可以在多种意义上使用，但基本可以归纳为三类，即哲学意义上的发展、发展理论中的“发展”、邓小平理论中的“发展”①。哲学范畴的“发展”应用的最为普遍，主要有三种含义：第一种是指事物状态的变化，这种变化既可以是量的变化，也可以是质的变化；第二种是指一种状态向另一种质态的跃迁，是质变和量变的统一；第三种是指由低级向高级、由简单向复杂、由无序向有序的前进的、上升的运动。

① 庞元正，丁冬红. 发展理论论纲[M]. 北京：中共中央党校出版社，2000.

学校作为社会子系统中一个重要的组织单元，一方面作为社会系统的构成部分得以生存和发展，另一方面由于学校作为育人机构的独特性而有其自身内在逻辑和发展规律。学校的发展是一个从低级向高级的连续演化过程，这个过程可以划分为不同的阶段，不同的发展阶段又是一个连续的、不间断的由旧质到新质的整体演进过程[①]。学校发展是一个长期的、复杂的和非线性的过程，这个过程反映出来的复杂性决定了学校具有多种演化的可能性，这就决定了在分析学校发展时要充分考虑各种因素的可能影响，并寻找适合特定发展阶段、特定文化氛围、特定发展基础的实践策略，凸显“一校一策”的必要性。

学校发展是一个复杂的概念，从属于“发展”这个更为上位的概念范畴，从不同的理论角度对学校发展的理解略有不同。例如，劳凯声等从学校功能演变的角度认识学校发展，提出不同的社会历史发展时期对学校有不同的要求，个体对学校也有不同期望，学校发展就是在社会要求和个体期望之间寻求平衡[②]。赵欢君等从文化学的视角认为，学校发展就是要形成良好的校园文化，而良好校园文化的形成是一个由表及里、由浅入深、长期动态发展的过程，学校发展的深层动力在于形成积极的组织文化。陈丽等从学校组成要素出发，认为学校发展是一个难以确切定义的概念：从发展主体看，学校发展可以指学生发展、教师发展、学校领导者发展等；从发展内容看，学校发展可以指学校硬件发展与软件发展；从发展方式看，学校发展可以有规模发展与内涵发展；从发展性

① 奚建华. 中小学校自主发展的理论与实践[J]. 上海教育科研，2003（2）: 36-38.

② 劳凯声. 重新界定学校的功能[J]. 教育研究，2000（8）: 3-5.

质看，学校发展可以有渐进式发展与跨越式发展[①]。范国睿从社会学角度出发将学校发展理解为学校组织为了适应不断变化的环境，也在不断进化、更新的过程。学校发展有两个维度，一是数量维度，主要指学校规模的扩大；二是质量维度，指学校的办学质量和效益的提高。由于教育发展的滞后性和保守性，学校发展具有缓慢性和渐进性的特点[②]。张熙认为学校发展是指学校在原有基础上有所提升，即发生在学校内部，以过程改进和提高质量为目的，包括个人发展和组织发展在内的整体变化[③]。由上述分析可以看出，学校发展是一个十分复杂的变化过程，这个变化过程是在一定的价值观和发展目标的导向下进行的，侧重于突出学校内部的积极变化。

二、学校发展的影响因素

学校作为教育子系统的核心组成部分，其发展总是在一定的社会环境包围和支撑下发生的，也同样受到多方面因素的影响。这些因素涉及学校发展的方方面面，且不同影响因素之间也存在一定的相互作用。从学校外部看，影响学校发展的因素主要有经济发展水平、社会文化氛围、地方政府重视、教育行政支持、专业引领水平、家庭教育水平等；从学校内部来看，影响学校发展的因素主要有校长和教师的专业水平、学校文化、学校组织结构、学校制度建设、教育教学资源、教学内容和方法等，既有硬件方面的因素，又有软件方面的因素；既有有形的因素，又有无形的因素。

---

① 陈丽. 试析中小学学校发展策划的内涵[J]. 教育科学研究，2004（1）：9-11.

② 范国睿. 多元与融合多维视野中的学校发展[M]. 北京：教育科学出版社，2002.

③ 张熙. 对学校发展的理解与个案研究[J]. 中小学管理，2004（8）：35-38.

具体来看，学校所处社会的经济发展水平决定了学校发展的经济基础，间接影响学校发展的起始水平，同时也影响学校人才培养规模、培养结构等。按照历史唯物主义的观点，经济基础决定上层建筑，教育是上层建筑的重要组成部分，其发展离不开人力、财力、物力各方面的支撑。一般而言，经济发展水平较高时，教育投入也相对较高，教育规模相对较大；而经济发展水平相对较低时，教育投入往往难以得到很好的保障，学校发展往往容易停留在低水平发展阶段。同一时期不同地区的经济发展水平同样也影响教育的发展，比如，改革开放以来，东部地区经济快速发展，教育投入相对较大，其教育发展速度相对较快。而西部地区受地理位置影响，经济发展相对落后，教育事业发展也相对较慢，尤其是贫困和农村地区更为突出。同时，经济发展水平也影响学校教育观念和教育内容。在古代，礼、乐、射、御、书、数构成了先秦时代以来的重要教学内容。进入工业时代后，现代学校制度逐步进入人们的视野，培养目标为培养大量合格产业工人。经济发展水平对人才素质水平和结构的要求也不断变化，比如，工业时代的学校教育更多强调对受教育者读、写、算等基本知识和技能的培养，进入信息化时代后，现代制造业对人才的要求更加强调综合素养、解决问题的能力和沟通能力等。

从学校内部因素来看，学校作为一种系统化、制度化的教育组织，其内部人员的素质能力、组织文化氛围、管理架构、制度建设等都影响着学校的发展。学校作为一种育人组织，其最为核心的发展要素就是人的因素，没有对人的因素的充分考量，学校发展无从谈起。校长和教师对学校发展的影响主要体现在两个方面：一是校长、教师队伍整体素质水平的高低决定着学校发展水平的高低，一般而言，教师专业水平越高，学校的教育教学质量越高；二是教师队伍结构影响着学校持续发展能够走多远，包括教师学历结构、年龄结构、职称结构等方面，结构相对合理的教师队伍，更有可能支持学校持续发展。这其中校长的影响力尤为突出，正如陶行知先生说:“校长是一个学校的灵魂，要想评价一个学校，先要评论他的校长，”校长能否凝聚共识，构建学校发展愿景和理念，引领学校师生积极探索学校发展路径对一所学校发展至关重要。此外，学校作为一种以育人为核心活动的社会组织，其组织结构和制度建设关系到学校文化能否有效落地，以及组织自身能否实现可持续健康发展。良好的办学理念需要经过科学设计的组织结构和制度做支撑，推动理念从抽象走向具象、从学校管理层面走向真实的课堂。

三、学校发展的总体走向

学校作为社会子系统的重要组成部分需要“与时俱进”，满足社会不断发展变化的需求。由于学校发展与社会需求之间存在不匹配、不同步，学校不断更新改进需要、优化教育教学、提升教育质量，以满足社会各方主体对学校教育的需求。在这样的逻辑支撑下，学校从不同的角度和途径不断寻求自身发展，更新学校发展的价值导向、内容和方法路径等，以更好地满足社会和个人对学校功能的需求。当前学校发展呈现以下三个明显趋势。

一是学校发展内容方面呈现出从局部改进到全面改进。学校改进研究的内容伴随其内涵的深化逐渐从微观层面的点位性内容逐渐生长和扩张，出现系统性改进、整体性改进模式等。学校改进最初主要聚焦课堂、课程等相对单一的学校发展要素，随着学校效能理论的兴起，构建有效学校成为学校改进研究的核心目标，更加关注课堂、课程以外的其他要素。例如，埃德蒙兹（Edmonds）等分析总结出好学校的典型特征，并以此构建学校效能理论支持学校改进。褚宏启（2009）认为学校改进的实质是学校层面全面、深度、持续的组织变革，其影响因素和变量很多，使得它具有超出想象的复杂性。

二是学校发展动力方面呈现出从注重内部优化到内外互动推动。学校持续提供优质教育并不是学校自身能够简单实现的，还需要通过学校以外各方力量的共同努力，推动学校持续改进。学校发展方式正从外延发展转向内涵发展，依靠结构优化、资源共享、效能提高以及制度保障等措施实现教育质量和办学效益的提升。与强调扩大学校规模和数量的外延式学校发展不同，内涵式学校发展更加强调在自身现有的条件下，在利用学校内部的资源和潜在资源上，通过各种途径深入挖掘学校内部的发展潜力和发展机制，使学校内部迸发出勃勃生机，从而推动学校持续发展①。进入强调高质量发展的新时代后，学校发展方式由外部力量助推向内部力量自生转变，由物质条件改善向文化价值生成转变，由资源初次分配向结构优化升级转变。为拓展教育教学资源，当今学校不仅实施点状线条式变革，还通过学校联盟、集团化办学、学区化办学等方式，实现学校组织边界的柔性拓展，在边界拓展中形成“实践——理论——政策”的良性循环，并逐渐实现转型发展。

三是学校发展路径方面呈现出从关注单一要素向系统改革转向。学

① 张兆芹. 影响学校发展的内在要素探析[J]. 外国教育研究，2005（9）：7-11.

校改进的最终目的在于提高教育质量，是一个持续改进的过程。韦尔赞（Velzen）等认为学校改进是一种系统而持续的努力，旨在改变校内的学习环境及其他相关因素，最终令学校能更有效地实现其教育目标。学校改进的影响因素多样，需要系统协调。Gerry Reezigt 等（2005）在“有效学校改进项目”（Effective School Improvement Project）指标框架的基础上进一步优化有效学校改进的综合性框架。以质量提升为核心目标的学校发展，是各方面要素综合组合和作用的结果，即针对学校发展中问题的解决策略，学校或教育行政部门不再仅仅依靠对单一要素的调整，而是更加强调“中医式”的全要素系统调整，通过有计划地变革学校内外部运行要素、方式与理念，化解学校发展进程中的问题，推动学校渐进性持续地向理想目标发展。

第三节　学校发展方式及其转变

一、学校发展方式的概念内涵

学校发展方式转变是新时代我国教育改革和发展的新课题。借用经济发展方式的概念，我们可以把学校发展方式界定为实现学校发展的方法、手段和模式。从基本内容看，学校发展方式不仅包含学校数量增长、规模扩大等方面，还包括结构调整、内涵提升、质量提高、办学效益增加等方面。《国家中长期教育改革和发展规划纲要（2010—2020 年）》（以下简称《教育规划纲要》）指出：“树立以提高质量为核心的教育发展观，注重教育内涵发展，鼓励学校办出特色、办出水平，出名师，育英才。”这一政策要求指明了学校发展的方向目标，突显了转变学校发展方式的重要现实意义。

首先，转变学校发展方式是贯彻落实科学发展观的根本要求。学校发展方式的转变，不仅要突出学校中“数量”的变化，更要强调和追求学校工作中“质量”的提升和“结构”的优化。其鲜明特征主要体现在着眼于教育可持续性，通过教育结构调整、优化和升级，实现教育公平，提高教育质量，满足人民群众对优质教育的需要等。

其次，转变学校发展方式反映了对学校发展规律的深刻认识。学校发展方式的转变促使传统的、旧的发展方式向现代的、新的发展方式转化，用现代的、新的发展方式替代传统的、旧的发展方式。当然，这种划分是相对的，而且不同类型的学校发展方式有着不同的形成条件，相互之间并非完全独立，往往存在着交叉重叠、主辅互补的关系，并相应产生不同的发展结果。我们对此要有清醒的认识。

再次，转变学校发展方式是实现学校新的发展目标的重要举措。不少地方和学校先行一步，着眼于经济社会发展和人的全面发展的需要，坚持走内涵发展、优质发展、可持续发展之路，围绕“特色鲜明，质量一流”的目标，快速开展转变学校发展方式的实践探索，值得肯定。

最后，学校发展方式转变是合作共赢的结果。陈学军（2015）提出合作是一种学校发展方式，学校的健康持续发展不能靠政府的控制性管理，不能靠学校的单兵突进，不能靠校长、一个部门或几个人的力量，也不能靠高利害的竞争性驱动，而是要学校自主地、积极地基于自身情况，联合校内外多方力量，以互助共生的方式，协力共进。例如，浙江杭州通过“名校集团化”的方式，扩大了优质学校教育资源，推动以往单体学校为主的发展方式向优质校牵引下的集群发展方式转变。上海通过集团化办学、委托管理和学区化管理等手段，促进学校之间的合作沟通，转变学校以往“单打独斗”的发展方式，发挥集群优势推动每所学校的发展，整体提升区域教育发展质量。

二、学校发展方式的五种转变

目前，有关学校发展方式转变的说法颇多，但归结起来都需要抓住学校发展方式转变的关键要素。陈如平（2012）提出要通过转变学校发展方式推进学校科学、健康、可持续发展，转变学校发展方式要抓住“五大转型”，即要从外控式发展向自主式发展转变，从外延式发展向内涵式发展转变，从同质化发展向特色化发展转变，从简单的经验模仿向创新发展转变，从局部发展向整体发展转变。例如，浙江宁波（2018）从课程入手，通过重点建设、典型引路、错位发展，促进高中教育逐步向特色、分类教育发展，撬动学校发展方式的转型。

第一，从学校发展的动力而言，要从外控式发展向自主式发展转变。学校发展的动力来自学外部压力还是内部需求，这是区分学校发展方式的首要标志。外控式发展追求教育需求目标一元化，追求数量增长，强调科层管理和集权化，学校只是一个执行系统，它所要做的就是按照上级教育行政主管部门制定的政策行事。相对于此，自主式发展的动力来自学校内部，强调学校的办学自主权，学校可以基于自身情况进行自主规划和自主管理，包括自主定位、自我调控和自我约束，最大限度地调动学校成员的工作积极性、主动性与创造性。自主式发展是学校形成文化特色和教育模式的重要途径。

第二，从学校发展的内容上看，要从外延式发展向内涵式发展转变。外延式发展强调的是数量增长、规模扩大、空间拓展，主要是适应外部的需求表现出的外形扩张，反映的是学校发展的数量表征。内涵式发展强调的是结构优化、质量提高、实力增强，发展更多是出自内在需求，表现为学校教育质的发展。学校内涵式发展的实质是“提升学校核心竞争力”，而高素质的团队以及高品质的课程设置是学校核心竞争力的两大支撑。优秀的校长、科学的教育理念、业务精湛的教师队伍、高质量的课程实施、高效的管理、鲜明的办学特色都是内涵式发展不可或缺的重要元素。因此，内涵式发展反映了学校教育发展的本质。

第三，从学校发展的性质看，要从同质化发展向特色化发展转变。长期以来，学校发展呈现“千校一面”“千生一面”的同质化倾向，学校缺少文化和特色，学生缺乏个性和特长，危害甚重。因此，努力推进学校特色化、多样化发展是解决学校发展同质化的有效途径。这里所说的学校特色，是指学校基于自身的历史传统和实际情况，在长期办学实践中逐渐形成的一种区别于其他同类学校的独特、优质而且相对稳定的办学气质和办学风格，它具有独特性、优质性与稳定性。学校特色是真正的教育个性。“人无我有，人有我优，人优我精，人精我妙”正是学校特色化发展的写照。因此，学校应高举“特色立校”的大旗，将办学特色放在学校改革与发展的突出地位，在特色的形成和品牌的培育中使学校上升到一个新高度。

第四，从学校发展的途径来看，要从简单的经验模仿向创新发展转变。对学校发展而言，学习借鉴模仿他人经验和做法是必要的，也是允许的。但学校发展不能只靠外力推动，还要依靠源于内部变革的力量推动，这样才会有更多的创新动力。正确地处理继承与创新的关系、创新与务实的关系，积极挖掘、利用、整合学校资源，引领学校进入新的发展阶段，是学校发展的必然要求。

第五，从学校发展的范围来看，要从局部发展向整体发展转变。学校发展是由学校工作的各个方面、各个层面、各个环节所组成的一个有机整体。在实践中，学校选择适当的切入点，实现学校工作的新突破，是学校发展的策略运用。但是学校不能总是停留在局部工作的突破上，要学会运用系统学的“整体原理”，从整体出发，进行系统思考、科学规划、顶层设计和整体推进，甚至进行必要的体系建构，避免和防止“碎片化”现象。整体发展可以说是当前学校发展的重要趋势。

三、学校发展方式的转变路径

数字化时代，学校能否实现跨越式、可持续的发展，取决于在转变发展方式上能否取得实质性进展。因此，学校首先要坚持科学发展，这是实现学校发展方式转变的根本之道。

第一，学校发展要坚持育人为本。《教育规划纲要》提出“把坚持育人为本作为教育工作的根本要求”，将坚持以人为本、推进素质教育作为我国教育改革发展的战略主题，指出素质教育的重点是面向全体学生、促进学生全面发展，着力提高学生服务国家和人民的社会责任感、勇于探索的创新精神和善于解决问题的实践能力。深入实施素质教育，是学校发展的前进方向和努力目标。还要尊重教育规律。学生身心发展的规律很重要，学校要把促进学生身心健康发展作为一切工作的立足点和出发点。同时，还要尊重教学规律、办学规律，把学校发展纳入科学发展的正确轨道，杜绝任何违背规律、反对规律的做法。

第二，学校发展应坚持教育创新。创新是学校发展的不竭动力。学校要发展，需要创新，只有不断开拓创新，学校才能更快地、更好地、更有效地发展。为此，校长要树立创新意识，加强创新领导，以创新为手段和动力，努力推进理念创新、制度创新、文化创新、课程创新、教学创新、管理创新等，建立学校发展的长效机制。同时，学校要鼓励教师大胆创新和实验探索，更新教育教学观念，改进教育教学方法，形成自己的教学特色和教学风格。教育创新要求实现自我突破。正如某汽车广告语“你突破一番格局，就是在建立一番新格局。”这恰恰说明学校创新的“滚雪球”效应。

第三，学校发展应坚持整体规划。学校发展的整体规划涉及学校未来发展的方向、愿景和目标，通过制定整体的规划，研究学校定位，确立灵活的目标，并通过高效的活动来谋求学校的生存与发展空间，已经成为学校改革和发展的重大战略。在这方面，学校可以尝试“整体建构”的模式。这一模式是基于当前学校教育发展现状而提出的创新性思路，它包括价值观、方法论以及操作平台和载体三个层面。学校价值观反映了校长和教师对教育本质属性和基本特征的认识与判断，它从深层次影响校长、教师的思想观念与行为方式，规定和制约办学的方方面面，其核心是学校的办学理念。方法论反映人们用什么样的方式、方法来观察事物和处理问题，这要求各学校运用整体性思维，建立分析各教育要素相互关系的整体框架。操作平台和载体主要有制度建设、课程建设、活动载体、主题平台等。

第四，学校发展应坚持科研引领。教育科研是学校发展的第一生产力，科研意识、科研能力、科研水平是促进学校发展的关键因素。内涵式发展的主要特征是“低耗费”，学校教育的发展不是建立在对有限的教育资源的无限耗费上，而是通过减少投入、降低损耗、提高效率来促进学校教育的质量和效益的提高。只有通过科研来反思教育行为，分析、解决教育教学中的实际问题，探索新途径，总结新规律，才能改变“日光加灯光，时间加汗水”“耗时、耗量、耗精力”的外延式发展。“科研兴校”“科研促教”说明了科研对转变学校发展方式的内在作用。

总之，转变学校发展方式是新阶段学校面临的关系全局、重大紧迫的战略任务。实现这个转变，学校将迈上一个新的台阶，开辟出新的发展空间，能有效地避免学校的大起大落，把平稳快速增长的良好势头长期保持下去，顺利实现学校科学发展、可持续发展的新目标。

第二章　育人模式整体建构的背景分析

当学校处于一定的社会、经济、政策、文化背景下，就会受到各方面因素的综合影响。学校育人模式整体构建首先需要明确其所处的背景、基础，以及需要集中解决的困难和问题等，在此基础之上进一步整合学校所能利用的各种资源、协调学校内外各种关系，为更好地开展育人活动提供有力支撑。

第一节　育人模式整体建构的政策背景

一、普通高中教育政策的“四梁八柱”基本建立

新时代普通高中教育正面临着前所未有的境遇，不稳定性、不确定性和复杂性充斥于高中教育的每个角落，各种社会思潮都潜在地影响着高中教育发展。全面把握与理解育人模式，需要了解高中教育的整个政策框架。近 10 年来，普通高中教育政策框架日臻完善，国家出台的涉及高中学生资助、课程改革、招生政策、校长专业标准等政策文件，为普通高中育人模式整体建构、推进育人方式改革提供了良好的政策支撑。

在课程改革方面，继 2003 年普通高中课程改革开启后，2017 年教

育部对普通高考课程进行修订，出台了《普通高中课程方案和语文等学科课程标准（2017年版）》，该标准成为未来10年甚至更长一段时间里普通高中课程改革的指针。新课程改革以学生为本的理念、选择性的教育思想、课程结构的调整，会促使学校在教育理念、教育内容和教育途径等方面，进行结构性和系统性的变革。课程改革与高考改革的逐渐统一，有助于形成育人改革的合力，共同推进普通高中育人模式改革。

在教育评价改革方面，国家从普通高中招生和高考招生考试录取两个阶段入手，对高中阶段教育尤其是普通高中教育的入口和出口做了谋划，先后出台了国务院《关于深化考试招生制度改革的实施意见》、教育部《关于进一步推进高中阶段学校考试招生制度改革的指导意见》等文件，进行全面、系统布局。同时，构建由办学方向、课程教学、教师发展、学校管理、学生发展等5个方面，共18项关键指标和48个考查要点构成的普通高中学校办学质量评价体系，引领普通高中学校不断提升办学质量。

在学生资助政策方面，2008年财政部、教育部下发的《关于对汶川地震重灾区家庭经济困难学生实施特别资助政策的通知》拉起了普通高中学生资助的序幕，2010年教育部、财政部出台《关于建立普通高中家庭经济困难学生国家资助制度的意见》和《普通高中国家助学金管理暂行办法》后，普通高中学生资助体系正式形成。

同时，为了提升普通高中教育质量，教育部出台《普通高中校长专业标准》，试图通过校长专业水平的提升促进普通高中整体水平的提升。2019年，国务院办公厅印发《关于新时代推进普通高中育人方式改革的指导意见》，整体谋划普通高中育人方式的总体路径，对新时代普通高中教育发展提出更高要求。2021 年底，教育部等九部门联合印发了《“十四五”县域普通高中发展提升行动计划》，组织实施部属高校县中托管帮扶项目，整体提升县中办学水平，更好适应高考综合改革和普通高中育人方式改革要求。

二、“全面普及”成为未来政策重点

《中国教育现代化 2035》提出“全面普及高中阶段教育”的发展目标，对新时代我国高中阶段教育发展提出更高要求。

在我国高中教育发展过程中，高中阶段教育毛入学率达到一定数值即为“普及”，这种理解方式把毛入学率作为衡量“普及”是否实现的核心指标，把“普及”视为发展数量规模和覆盖面问题。数量规模是理解“普及”的一个重要维度，但不应成为全部，而应抓住高中阶段教育普及的核心要义，基于教育普及化趋势、聚焦学习机会与学习选择、强化学生主动参与行为①理解“普及”含义，综合考虑高中阶段教育毛入学率、高等教育毛入学率、人均 GDP、高中学生在学率、毕业率等②构建多维标准来界定普及。“全面普及”是新时代我国高中阶段教育发展的重要战略，至少包括四方面要求，即数量方面的全面普及、区域层面的全面普及、特殊人群的全面普及和质量上的全面普及③，这种理解方式遵循政策逻辑而非学理逻辑，具体讨论的深度有待加强。

全面普及高中阶段教育应以“普及”为基点，以建设中国特色高中

① 朱益明. 论普及高中阶段教育的意义与策略[J]. 上海教育科研，2017（5）：24-27.

② 徐辉. 质量型普及之路：美国高中教育发展历史轨迹的昭示[J]. 教育学报，2007（4）：62-66.

③ 刘丽群. 我国高中教育政策 40 年：历史轨迹与发展愿景[J]. 中国教育学刊，2018（9）：52-56.

阶段教育为重要内容。“普及”有两个层面的含义：一是在事物可辐射范围的层面上，“普及”意味着更广的覆盖范围，毛入学率是对这个层面普及的外显，同时也为高中阶段教育普及进程提供了一种基于量化的可视化方式；二是在社会心理层面上，“普及”意味着普遍为社会大众所接受和认可，更多反映教育质量以及终身学习的受认可程度。高中阶段教育普遍为社会接受和认可既需要高中阶段教育水平的整体提升、真正满足适龄人口的教育需求，也需要社会更加理性化地看待高中阶段教育。实际上，对高中阶段教育普及的讨论暗含深层次问题，即在新时代中国发展究竟需要怎样的高中阶段教育，如何成就这样的高中阶段教育。“全面”是新时代高中阶段教育普及的新要素，也是“普及”发展到更高阶段的外显特征。作为高中教育改革发展的重要议题，推进“普及”在某种意义上也是中国高中阶段教育深化发展的重要抓手。

全面普及高中阶段教育应以“全面”为更高要求，以学习大国、人力资源强国和人才强国的建设为内在追求。《中国教育现代化 2035》提出“全面普及”的发展目标具有深刻内涵。“全面普及”基于对当前以及未来中国社会发展需求而提出，是教育现代化应有之意，更是“普及”整体水平的提升，需要通过高中教育发展理念、发展方式、体系制度等全方位的转变实现，由此赋予全面普及高中阶段教育更高的定位。就教育内部而言，“全面普及”指向高中阶段教育的质量、公平、结构等多维度的整体性改善，包括高中教育质量整体提升，区域、城乡、校际、群体之间教育公平水平的全面提升，普职结构以及普职各自内部结构更加合理等。就社会发展而言，“全面普及”对于提升我国劳动年龄人口平均受教育年限、厚植人力资本、支撑产业转型升级、提升中国人类发展指数等都具有不可替代的作用。我国劳动年龄人口平均受教育年限已从 2009 年的 9.5 年增加到 2018 年的 10.5 年，相当于高中一年级水平，新增劳动力平均受教育年限从 2009 年的 12.4 年增加到 2019 年的 13.7 年，相当于大学一年级水平，这是我国教育普及水平提升尤其是高中阶段教育和高等教育普及水平提升所带来的直接结果，同时也有助于中国人类发展指数的提高。

全面普及高中阶段教育应以辨析基本关系为抓手，以厘清其中所包含的价值问题为理论支撑。“全面普及”属于前瞻性目标，具有明显的过程性和发展性特征，是一个持续推进的建设过程，需要各层面、各方面、各领域的共同发力，从而形成普及合力。它尊重和依据 15~17 岁青少年身心发展规律强化高中阶段育人功能和质量，推进高中阶段教育在内涵和外延上实现全方位提升，重点在于发展内涵，为每位学生提供有质量的高中阶段教育和寻求全面而有个性发展的平等机会。“全面普及”关注普及进程本身，即以怎样的模式实现全面普及，涉及五对基本关系的平衡，即规模扩张与质量提升、普通教育与职业教育、义务教育与非义务教育、均衡化与多样化、整体与局部的关系。把握好这些关系有助于澄清全面普及高中阶段教育价值导向，也是深化“全面普及高中阶段教育”理解的重要内容。

三、高考综合改革持续稳步推进

2013 年党的十八届三中全会审议通过的《中共中央关于全面深化改

革若干重大问题的决定》中提出，推进考试招生制度改革，探索招生和考试相对分离、学生考试多次选择、学校依法自主招生、专业机构组织实施、政府宏观管理、社会参与监督的运行机制，从根本上解决一考定终身的弊端。2014年，国务院正式发布《关于深化考试招生制度改革的实施意见》，拉起了1977年恢复统一高考以来最为全面和系统的一次考试招生制度改革。

此次改革的总体目标：2014年启动考试招生制度改革试点；2017年全面推进，到2020年基本建立中国特色现代教育考试招生制度，形成分类考试、综合评价、多元录取的考试招生模式，健全促进公平、科学选才、监督有力的体制机制，构建衔接沟通各级各类教育、认可多种学习成果的终身学习“立交桥”。

为实现这一总体目标，改革任务和措施主要有三个方面的内容，即改进招生计划分配方式、改革考试形式和内容、改革招生录取机制。其中，考试形式和内容改革与普通高中教育教学实践联系最为密切。具体来看，考试形式和内容改革从四个方面着手，即完善高中学业水平考试、规范高中生综合素质评价、加快推进高职院校分类考试、深化高考考试内容改革，这些改革内容直接影响普通高中教育过程，尤其是学业水平考试和综合素质评价。

新高考改革提出构建“分类考试、综合评价、多元录取”的考试招生模式，改革涉及范围广、时间跨度长，从办学理念、育人目标、教学管理、课程体系、评价方式、学生指导等各方面全方位影响普通高中教育发展，倒逼普通高中教育转型发展。新高考在理念层面上要求普通高中教育从升学导向为主的教育质量观转为全面发展导向的教育质量观，操作层面上对普通高中的课程建设能力、教学管理能力、学生发展指导能力等提出新要求。这些要求对普通高中发展无疑具有积极影响，即有助于引导普通高中强化立德树人根本任务的落实，回归高中教育的初心和使命；多种招生途径为高中毕业生提供多种出口，促进普通高中创建和优化办学特色，有助于为普通高中教育多样化提供有利条件；扩大选考，有助于改进高中改革教学组织形式，推行选课走班；有助于推动高中学校完善学生发展指导制度；建立规范的学生综合素质评价机制并纳入高中毕业和升学，有助于促进普通高中改革分数本位的评价模式。

与此同时，各地普通高中在应对新高考改革过程中也出现四大突出问题。

第一，名校与一般高中的差距逐渐扩大，县域高中发展走向整体性低迷，普通高中教育格局走向重构。对于像北京十一学校这类办学基础好、规模相对较大、师资力量雄厚的普通高中来说，新高考带来的更多是改革发展的机遇，这类学校需要做的更多是优化办学特色、提升育人质量等，而新高考所带来的选课走班、教室、师资等问题对于其转变育人模式的消极影响相对较小。然而，全国近 1.4 万所普通高中里，这类学校只是少数，约 57%普通高中学校地处城乡接合部、镇区和乡村，约 75%属于非示范性高中（省级）。这些“一般高中”的教学及其管理方式、资源配置以及师资力量等基本采取的是应试教育模式，与淡化文理分科、强调学生自主选择高考科目和过程评价的新高考的要求存在较大距离，可以说这些高中是在改革洪流裹挟下被动卷入新高考。于是，为应对新高考，很多高中尤其是规模较小的高中、县镇高中等采取了另外一种“应试”策略，以科目组合“套餐”选择替代学生自主选科，逢考必考，变相弱化学生的选择权、加重学生负担。这种现象的产生既有高中教育资源配置上的限制，也有降低改革难度的考虑。“县一中”现象逐渐消解、县域高中发展走向整体性低迷，这正是新高考改革影响下普通高中教育格局的变化之一。

第二，选考异化为获取高分的博弈游戏。新高考在高考科目上赋予学生更多选择权，然而在实际操作层面，学生一般需要在高二甚至高一下学期确定选考科目，高考科目的选择也在很大程度上影响着大学专业和生涯规划的走向。新高考改革虽然提出“分类考试、综合评价、多元录取的考试招生模式”，但综合评价采取了“软挂钩”的形式，“两依据一参考”实际上成了“两依据无参考”，变相强化分数的重要性。因此，学生在科目选择上以能否获得高分为首要因素，其次才是专业发展、兴趣爱好等，这就使得高考科目选择异化为取得更高分数的博弈游戏。浙江高考改革中出现的“物理弃考”现象正是这一问题的集中反映。

第三，教育资源配置滞后，难以满足改革需要。新高考在高中教育教学上带来的最大变化就是打破固定的班级授课制，实行选课走班，而选课走班对教育资源（主要是教室和相应的设施设备）的需求有所增加（根据上海、浙江的经验增加约 20%左右，山东按照每 4 个班增加一间教室设置选修教室）。当前，普通高中平均班额已从 2007 年的 58 人/班减少到 2018 年的 51 人/班，但 55 人以上大规模班级（超过普通高中设计班额标准）仍占有相当比例。统计数字显示 2017 年度，66 人以上班级比重，城区为5.86%，镇区为13.48%，乡村为6.76%。教学组织形式的改变需要必要的教育资源做支撑。在大班额问题尚未完全解决的情况下，实施选课走班又带来了新增需求，使得现有普通高中教育资源配置难以满足改革需要。

第四，选课走班带来教师队伍结构失衡、教师评价难度增大的问题。新高考实行选考后，学生选课走班带来教学班数量增加，使得现有师资配置在总量和结构上出现失衡。在传统大文大理的考试模式下，普通高中理化教师约占20%，生物教师约占14%，政史地教师约占12%，技术教师约占7%，呈现出很明显的理强文弱的局面；改革后，物理、化学等传统理科选择人数下降，政史地等学科选择人数增加，由此使得教师结构失衡，尤其是地理教师数量严重不足。同时，推行选课走班后，由于每个科目选择人数不同、学生能力不同，使得教师评价缺少共同群体和科目基础，优化教师评价的难度进一步增大。

四、普通高中新课改落地实施

为落实中央关于立德树人的要求，根据党的十八大、十九大对我国教育作出的整体部署，教育部经过统筹规划，系统地对普通高中课程方案、课程标准和教材进行了修订。2017年底，教育部正式印发了修订后的普通高中课程方案和修订后的20个课程标准，并在2020年根据国家教育方针的调整进行了修订。党的二十大将教育、科技、人才定位为全面建设社会主义现代化国家的基础性、战略性支撑，强调落实立德树人根本任务，培养德智体美劳全面发展的社会主义建设者和接班人。这对高中新课程的修订和实施提出了更高要求。

本次普通高中课程教材的修订，不仅注重对教材内容进行更新调整，同时对课程的结构也进行了优化。课程结构优化注重课程的可选择性，注重课程对学生多样化的学习需求的满足以及对新高考改革的需要。在内容调整和结构优化的基础上，此次新课程的修订更加注重学校课程在育人功能的增强上。新课程增强了课程育人功能，主要表现在以下两个方面。

第一，把立德树人根本任务的实现充分落实到课程的设计与教材的编制中。具体来说，就是以党的教育方针为指导，将教育方针对于育人的要求进一步具体化和细化，并且结合具体学科特点把时代新人培养的要求体现在课程教材中。具体的措施如下：研究提出了中国学生发展的核心素养，在中国学生发展核心素养的基础之上，结合学科特点，每一个学科又提出学科的核心素养。学科核心素养实际上讲的就是各个学科的基本育人价值，包括三个要点：学生的关键能力、必备品格和正确的价值观。这是第一个增强课程教材育人功能的措施，就是突破以往的课程目标的表述，重新界定课程目标，使得课程的育人目标和要求更加具体化、更加细化，聚焦人的发展，与教师每一个教学活动的联系更为紧密。

第二，强化课程教材的育人功能，提出学业质量标准。明确每一门课程到底学什么、学到什么程度，对于学习过程和结果的考核评价，不仅仅是关注知识的理解和掌握，还要更多地关注学生素养的养成，关注学生问题解决能力的培养。建立学业质量标准，不仅有助于规范教学，不要超纲，不要盲目赶进度；同时，也为考试命题提供了一个基本的依据。所有教材的编写、教学实施建议、考试命题建议等工作都是在围绕着如何达成学业质量要求而设计的。在这个基础之上，新的课程进一步强化了对于学生综合素质培养的要求，具体表现在配合高中课程修订，2017 年教育部还专门印发了《中小学综合实践活动课程指导纲要》。中小学综合实践活动课程是一门必修课程，从小学到高中，各年级全面实施，所有学生都要学习，都要参加。在高中课程里，综合实践活动课程学分是 14 学分，而毕业学分要求是 144 学分，占比差不多为 1/10。在所有科目里，综合实践活动课程占分最高。综合实践活动课程之所以重要，与育人模式改革密切相关，育人模式改革不仅仅是简单地改进课堂教学方式，更主要的是关注学生成长的机制和途径。所以，新课程修订特别强调了学生综合实践能力的培养，由此来推动整个育人模式的改革。

在新高考、新课标、新教材同乡背景下，紧扣学生发展核心素养和学科核心素养的育人目标，着力推进“课程—教材—教学—评价”一体化改革，加强“五育并举”，切实落实“大中小幼德育课程一体化”、学科教育和学生生涯规划指导等各项工作都需要通过普通高中课程改革的落地来实现。在此基础上，继续探索实施“普通高中教学质量综合评价”，从学生发展、教师发展、课程建设、学校治理能力四个方面，持续推进特色普通高中的建设，以评促改，从而进一步驱动高中办学水平的提升和育人方式的变革。

第二节 育人模式整体建构的现实基础

一、高中教育走向普及，西部地区教育资源供给持续增加

我国高中教育发展已经进入了以质量为核心的现代化阶段，普及水平在国家和地方的大力推进和共同努力下稳步提升，已经达到甚至超过OECD（经济合作与发展组织）国家的平均水平。党的十八大以来，在国家各项政策的支持和推进下，高中教育事业发展尤其是普通高中教育初步形成了多样化的发展格局，正处于向育人转变的过程。高中教育保障水平稳步提升，高中教育供给短板得到明显弥补，教师队伍素质水平保持高位，为贯彻落实新高考、新课改提供了更为有力的基础支撑。从高中阶段教育规模来看，2021 年，全国共有高中阶段学校 21 879 所，包括普通高中 14 585 所，中等职业学校（不含技工学校）7 294 所，共为 3 976.42 万学生提供高中教育服务，其中，2 605.03 万人就读于普通高中，1 311.81 万人就读于中等职业学校。

在国家政策的支持下，中西部地区尤其是西部地区高中阶段教育发展提速，普通高中教育规模稳步扩大。从统计数据来看，东部地区普通高中教育规模增加到高峰后呈现微弱减少的趋势，相比之下，中部地区普通高中教育规模在 2005 年之后基本在 800 万人左右，西部地区普通高中教育规模一直保持缓慢增长的态势，到 2019 年已经接近 750 万人。东部、中部和西部之间普通高中教育资源供给的差距逐渐缩小，推动了普

通高中教育公平水平的提升。

办学体制多样化持续推进。民办高中数量一直保持增长势头，到2021年增加到4 008所，在全国普通高中学校中的占比也增加到27.48%，成为推动普通高中教育多样化有特色发展的重要生长点。普通高中学校办学类型也进一步走向多样化，除了原有普通高中与完全中学两类，新出现了十二年一贯制学校，且与民办高中同步发展，促使K-12（幼儿园至第十二年级）一体化学校成为一股不可忽视的教育改革力量。统计数据显示，2011年十二年一贯制学校进入教育统计，成为一种独立的学制类型。有统计数字以来，十二年一贯制学校从799所增加到2021年的1 794所，其中，民办学校占比从68.09%增加到79.94%，城区学校占比稳定在60%上下。可以看出，民办学校成了十二年一贯制学校的主体部分。

二、普通高中教育投入稳中有升，有效保障学校正常运转

教育经费投入是确保普通高中实现高质量发展的重要保障。在推进高中阶段教育普及和教育现代化建设的大背景下，高中教育经费投入机制不断完善，部分省市还尝试探索实施高中免费教育。截至2019年，全国31个省份制定出台了普通高中生均公用经费拨款标准，21个省份和5个计划单列市生均公用经费拨款标准达到每生每年1 000元以上。普通高中生均公用经费拨款制度的建立健全，有效保障了学校的正常运转。

普通高中教育经费投入稳步增长。生均一般公共预算教育事业费支出和生均一般公共预算公用经费支出持续增长，有效保障了普通高中正常教育教学工作的开展，缓解了以往普通高中举债建设、收费运转的尴

尬局面。一些省份还探索实行了免费高中教育，例如，新疆、西藏、青海、陕西等地。从教育部公布的数据来看，2020 年度全国普通高中教育生均一般公共预算教育经费为 18 671.83 元，比上年的 17 821.21 元增长 4.77%，其中增长最快的是云南省（27.11%）；普通高中教育生均一般公共预算教育事业费支出为 17 187.02 元，比上年的 16 336.23 元增长 5.21%，其中增长最快的是云南省（30.97%）；普通高中教育生均一般公共预算公用经费支出为 4 305.29 元，比上年的 3 945.10 元增长 9.13%，其中增长最快的是云南省（145.18%）。①

与此同时，普通高中学生资助体系不断完善。学生资助是保障公民教育基本权利的重要举措，是推进教育公平的重要手段。普通高中学生资助体系自 2010 年建立以来，为数以亿计的高中学生提供了资助，帮助其顺利完成学业，实现应助尽助。2010 年普通高中学生资助金额为 36.00 亿元，到 2019 年增加到 185.01 亿元，资助普通高中学生 1 240.23 万人次。普通高中学生资助的覆盖率稳定在 20%左右，但对于中西部地区采取倾斜政策，资助覆盖率可以按照实地情况进行调整，对于我国普及高中阶段教育、延长新增劳动力受教育年限等产生不可忽视的积极作用。

三、普通高中教师配置保持高水平，有力支持高质量发展

教师是确保教育质量的重要变量，也是推动普通高中新课程改革和普通高中育人方式变革的中坚力量。从统计数据来看，伴随我国普通高

① 2020 年全国教育经费执行情况统计公告[EB/OL].[2021-11-22]. http://www.moe.gov.cn/srcsite/A05/s3040/202 111/t20211130_583 343.html

中教育规模的扩大以及教育教学改革要求的变化，全国普通高中专任教师总体规模持续扩大，到 2021 年全国普通高中专任教师达到 202.83 万人，近十年来普通高中专任教师数量增长率除个别年度外基本保持在 2%以上。结合普通高中在校生数量来看，普通高中生师比自 2004 年以来逐年降低，2021 年普通高中生师比达到 12.84∶1，与 2010 年的 15.99∶1 相比明显降低，说明教师配置水平明显提高。

普通高中师资质量持续提升。党的十八大以来，国家紧密出台教师队伍建设的政策举措，重视和强化教师队伍建设，有效推动了普通高中教师队伍整体质量的提升。伴随我国高等教育普及水平的提升，高中教师学历合格率已经不构成一个重要问题，相比之下，知名院校（北大、清华、“985”工程院校、“211”工程院校等）毕业教师、高学历教师（研究生毕业教师）的比例则更高。2008 年我国普通高中教师学历合格率突破了 90%后，保持稳步提升的态势，到 2021 年进一步提高到 98.82%。我国从 2001 年开始统计高学历教师的情况，自有统计数据以来普通高中高学历教师比例从不足 1%增加到 2021 年的 12.39%。与此同时，为解决高中教师总量和教师结构性缺编带来的师资短缺问题，各地普遍采取聘任代课教师和兼任教师的做法，临聘了大量教师。这种做法在弥补教师短缺问题的同时也造成了一些新的问题，包括临聘教师待遇保障和管理问题、临聘教师专业发展权益问题等。

四、普通高中大班额比例明显降低，办学条件持续改善

办学条件是保障教育质量的基础之基础。在国家教育经费投入持续增加并保持高位稳定的前提下，我国普通高中办学条件持续改善，设

施设备配置达标学校比例攀升，为高中更好地开展教育教学改革提供了重要基础支撑。普通高中体育运动场馆面积达标学校、体育器械配备达标学校、音乐器材配备达标学校、美术器材配备达标学校、理科实验仪器达标学校 的比例持续提高，2021 年分别达到 93.66%、96.00%、95.19%、95.40%、95.61%，与 2010 年《教育规划纲要》刚刚颁布时均提高 10 个百分点以上，基本满足了普通高中学校开展教育教学活动的基本需要。

在国家政策驱动下，各地结合实际制定实施消除普通高中大班额专项规划，通过新建、改扩建学校等措施，加快推进消除普通高中大班额。从全国的数据来看，2019 年全国普通高中大班额（56 人及以上班级）比例为 23.95%，2022 年进一步下降到 4.81%，比 2012 年的 47.8%下降了 43 个百分点，有 24 个省份大班额比例控制在 5%以内，为顺利实施课程改革、高考综合改革、推动育人方式改革等创造了有利条件。

信息化基础支撑能力不断提升。在信息化时代，普通高中教育发展离不开信息技术的支撑，信息技术与教育融合已经成为教育改革和发展的重要趋势，也是撬动普通高中育人方式改革的重要路径。从每百名学生的教学用计算机（数字终端）数量变化来看，近 10 年普通高中信息化配置水平快速提高，从 2010 年的 10.93 台，增加到 2021 的 26.58 台，为信息技术与高中教育融合提供了基础条件。

第三节　育人模式整体建构的困难与挑战

一、应试行为失偏：育人目的与手段相分离

马克思主义把目的理解为人在思维中对活动的结果，即活动所要创造的未来对象的主观观念形式的建立；手段是提出目的与实现目的之间一系列的中介。从这个意义上说，目的是手段得以存在的理由，手段是目的得以实现的工具，目的与手段分离必然会导致既定目的难以充分实现。当前，普通高中教育存在明显的应试行为失偏的现象，使得育人目的与育人手段相分离。应试行为是指应对考试的系列活动，是考试的必然产物也是学习的必要环节，它在本意上是中性的，需要正确地加以引导和规范。然而，对照普通高中教育实际情况，我们不难发现，由于应试行为与育人目的背离，在个体层面、学校层面和教育行政管理层面出现“唯分数”“唯升学”的现象。对分数和升学的追求“绑架”了学生、家长、教师、学校乃至地方教育行政管理人员，使其接受和认同高分数、高升学率是优质教育的核心标尺的价值取向，把“刷题”作为普通高中，尤其是高三的主要学习方式。这种做法与“培养德智体美劳全面发展的社会主义建设者和接班人”的目的相向而行，忽视人的发展的整体性，阻碍普通高中办学理念的有效落实，使得普通高中教育理念与办学实际呈现“两张皮”的现象。

二、教育资源失衡：育人实施与基础相脱节

教育资源是教育过程中所占用、使用和消耗的人力、物力和财力资源，没有基本的教育资源保障教育活动难以充分展开，教育目的难以充分实现。教育资源失衡主要体现在三个层面。

一是在宏观层面上，体现为区域和城乡教育资源分布的不均衡。在“以县为主”的教育财政投入体制下，地方经济发展水平影响和制约着高中学校的发展，直接表现为各地对普通高中教育财政保障力度上的差距，间接表现为普通高中育人模式对学生全面而有个性发展的促进作用上的差异。中西部地区普通高中举债发展、巨型高中同质化发展等就是典型例证。

二是在中观层面上，体现为校际教育资源的差异。地方政府在工具主义的导向下，往往把对高中学校的评价窄化为升学率评价，并以此作为教育资源分配的主要依据，其结果是强校更强、弱校更弱，甚至学校基本运行困难，育人模式变革更无从谈起。

三是在微观层面上，体现为学校内部育人活动受限于学校所占有和使用的教育资源而难以充分展开。对学校而言，特色课程应该从育人目标出发，围绕育人目标的实现进行建设，然而在实践中特色课程建设的逻辑起点往往是学校是否存在能开设特色课程的教师，而不是育人目标。

三、教育评价失格：育人环节出现异化

教育评价是基于一定的教育目标，运用系统的方法搜集和分析信息资料，在此基础上对教育的社会价值作出判断，对其改善和发展给予指

导的过程。对高中教育而言，教育评价是学习过程的重要组成部分，也是学校育人模式的重要环节。通过教育评价的信息反馈，我们可以了解学生的学习与发展状况以及育人模式的运行状况等，从而发挥评价对学生发展的引导、激励、鉴别和改进的功能。学校教育中理想的评价应能够更好地促进学生全面而有个性的发展，评价的理念、内容、方法、结果运用、评价主体等围绕促进学校中人的发展进行组织和设计，突出评价的育人功能。在我国教育改革实践中，21 世纪初的新课程改革催生了“综合素质评价”，并在 2014 年高考综合改革中得以制度化。综合素质评价是教育评价体系的一种突破性改革，推动教师和学校评价观念的转变，从而促进人才培养方式的变革。然而，在具体实施过程中，综合素质评价被纳入高考，使其陷入硬挂钩或是软挂钩的争论漩涡，面临被“量化”或者说“分数化”的境遇，使综合素质评价流于形式、育人功能难以充分发挥。其他的教育评价实践也同样存在诸多问题，评价导向以分数和升学为重，评价手段和方法相对单一，评价内容上重智育、体育等易于量化的内容而轻德育、美育等更为隐性的内容，评价方式上重终结性评价轻过程性评价，评价结果使用上重鉴别功能而轻改进功能。教育评价在高中教育实践中的种种“异化”现象，直接导致育人模式关键环节的弱化。

四、学生发展指导失位：育人链条出现断裂

学生发展指导是现代学校的一项基本职能，但长期以来它并没有作为一项独立的职能而得到制度化认可。学生发展指导，是指学校通过有组织、有特定目标的指导活动，给学生提供一整套个体发展指导服务，

主要聚焦学生在学业、个性、生活、社会性以及专业领域的必要指导，使其良好地适应学习与生活、健康成长与发展。2010年《教育规划纲要》提出建立学生发展指导制度后，我国学生指导才进入制度化进程。学生指导是作为高中阶段设置的一种专项教育工作而出现的，在某种意义上弥补了课堂教学、学生管理等在育人方面的不足。学生发展指导的首要功能是促进“发展”，这就要求指导方式方法要从学生成长需求出发，采取多样化的途径，帮助学生解决成长中遇到的各种问题和烦恼。在高中教育实践中，学生发展指导制度建设已迈出重要一步，但仍需要加强其理论基础和理论支撑，加强学生发展指导专业队伍建设，丰富学生指导途径，帮助学生增强判断力和选择能力，从而使学校育人链条更加完整。

总的来看，在当前普通高中教育政策和发展背景下，普通高中急需转型发展，尤其是县域高中、小规模高中等转型发展的任务更为艰巨。可以说，县域高中转型成败决定我国普通高中教育未来发展整体水平的高低。转型发展本质上是对立德树人根本任务的回归，要求两个层面的转变，即宏观层面的育人方式变革与学校层面的育人模式变革，育人方式变革为学校育人模式变革提供基础条件，学校育人模式变革则是对育人方式变革的具体落实。2019年6月国务院办公厅印发《关于新时代推进普通高中育人方式改革的指导意见》，对普通高中育人方式改革从六个方面作出总体布局。在未来的改革进程中，如何将育人方式改革的各项措施有效落实到学校层面，促进学校育人模式的有效转型是推动普通高中教育转型发展的关键。

第三章　育人模式整体建构的理论阐释

育人模式整体构建既是一个理论问题，也是一个实践问题，更是一项需要多方支持、系统谋划的大工程。众所周知，党和国家层面提出培养德智体美劳全面发展的社会主义建设者和接班人的目标，教育部门和其他相关部门以此为中心出台了相关政策措施，最终都将汇聚到学校层面，直接或间接对学校育人活动产生影响。学校如何在各方面提供的条件和资源下，调整办学理念、优化运转策略、完善育人举措等则构成了学校各自的育人模式，需要对育人模式进行理论阐释，明确其本质内涵、价值意义、理论依据等。

第一节　育人模式整体建构的本质内涵

一、育人模式的本质在于回归人的全面发展

育人模式的本质就是要明确其基本内涵是什么、基本构成要素有哪些、构成要素之间存在怎样的关系以及影响育人模式的因素等。育人模式在教育实践中经常被使用，例如“三三三”育人模式、“一主两翼”育人模式、“四维”互动“阳光大课堂”育人模式，被理所当然地理解为不

需过多思考和阐释的概念，从而出现育人模式泛化的现象。在教育研究层面上，可以看到当前对于育人模式的探讨主要集中在创新人才培养模式以及职业教育领域，对于育人模式概念的反思和探讨同样相对匮乏。造成这种情况的原因主要在于人们对“模式”的习以为常以及“育人模式”概念本身存在的模糊性。

从“模式”的词义来看，“模”有规范、标准、仿效的意思，“式”是指物体外形的样子、特定的规格等，“模式”被解释为“事物的标准样式”。模式不同于方式，也不同于范式。方式本义是言行所采取的方法和形式，受到社会经济、科学技术和文化发展水平的影响，是对已有事物形态的描述。范式是特定的科学共同体从事某一类科学活动所必须遵循的公认的“模式”，它包括共有的世界观、基本理论、范例、方法、手段、标准等与科学研究有关的所有东西。模式更加突出对问题解决方法的理论性总结和提升，对实际具体问题的解决具有指导性，是桥接理论与实践问题、中观层次的方法论集合。

模式是主体行为的一般方式，包括科学实验模式、经济发展模式、企业盈利模式等，是理论和实践之间的中介环节，具有一般性、简单性、重复性、结构性、稳定性、可操作性等特征。模式在实际运用中必须结合具体情况，实现一般性和特殊性的衔接，并根据实际情况的变化随时调整要素与结构才有可操作性[①]。模式是结构主义用语，指用来说明事物结构的主观理性形式。法国哲学家莱维·施特劳斯认为科学的研究方法可以分为还原主义的或结构主义的。还原主义的方法是把复杂的现象还

① 陈世清. 超越主流经济学家[M]. 北京：中国国际广播出版社，2013.

原到以简单的现象来说明，如生命现象可以还原到以物理化学过程来说明。而复杂的现象只能用结构主义的模式法说明。模式有的是在以前的经验中形成的，有的是面对现象时立即形成的。模式是否与现象的本质相合，必须在认识过程中逐渐检验和修改，以便逐渐得到正确的认识。结构主义的理论认为结构带有整体性，结构的一个成分变化会引起其他成分的变化，因而认识结构的模式必须有一系列的转换形式，后者必须是可以预测的，以便采取一种可以正确说明结构的模式。这一概念与皮亚杰心理学中的图式概念有类似的含义①。

育人模式属于中观层面问题，本质在于回归人的全面发展。对于学校育人模式的理解，不同的研究者提出了多种见解。例如，何晓文、施洪亮、周敬山（2011）认为“育人模式”在本质上主要回答“育什么样的人”“如何育人”的问题，“育人模式”与“办学特色”的区别在于前者以过程呈现，后者以结果体现。作为普通高中学校教育的“顶层设计”，育人模式包括育人的思想理念、育人的目标设计、育人的实施与评价反馈等。申继亮（2015）指出普通高中教育改革与发展要着力于育人模式改革，提升质量，通过强化育人导向、强化特色办学、强化制度建设实现普通高中教育的改革。因此，我们认为育人模式属于中观层面的概念范畴，具有明显的过渡性和相对的稳定性与开放性，是学校层面对“培养怎样的人”和“如何培养人”的回答。

二、育人模式是实现高中育人方式改革的关键

2019 年国务院办公厅出台了《关于新时代推进普通高中育人方式改

① 彭漣漪，马钦荣. 逻辑学大辞典[M]. 上海：上海辞书出版社，2010.

革的指导意见》，在国家层面上全面部署了新时代普通高中育人方式改革。普通高中学校落实国家育人方式改革的要求，关键就是要在学校层面将国家大政方针转化为育人举措和行为，通过构建和完善学校育人模式提升学校育人能力。这就要求广大高中学校要站在培养社会主义建设者和接班人的全面育人高度，反思和探寻育人模式变革的可行之道。“育人方式”作为一种概念，通过2019年国务院办公厅发布的《关于新时代推进普通高中育人方式变革的指导意见》进入政策层面，是对2014年启动的高考综合改革传导至普通高中的结果，育人方式改革的本质在于推动整个基础教育的运行机制。育人方式的变革需要重点从培养体系、课程实施、教学组织、学生发展指导、考试招生制度、师资和条件等六大方面进行改革。换言之，这六大方面的内容正是普通高中育人方式的基本构成要素。育人方式是国家对普通高中未来改革与发展方向的定位，更侧重宏观层面的政策、机制和资源供给，需要政府部门之间顺畅有效地协调沟通。育人方式改革的真正“落地”需要通过学校层面的消化、吸收和转化，将国家宏观政策供给和要求等转化为学校层面可操作、可检测的具体做法，进而对高中学生全面而有个性的成长产生积极影响。这种学校层面的转化正是“育人模式”的建构和优化。

育人模式指向的实践主体主要是学校，是在学校层面上回答“培养怎样的人”和“如何培养人”。育人模式是育人价值导向的集中体现，是教育经验的高度概括和凝练，重点解决各种育人要素以怎样的结构、方式和形式组合起来，也就是教育要素的架构问题，同时为某个特定教育要素的具体组织形式提供价值导向和原则。育人模式于学校是一种“顶层设计”，是包括育人理念和目标体系、育人实施和评价反馈等多个环节的“闭环”。其中，育人的实施又可以进一步具象化为学校课程体系建构、教学方法与手段、教师队伍建设等具体内容。在学生主体性得到充分认可的新时代，育人模式将人和人的发展作为立足点和根本点，在尊重学生发展规律和教育规律的基础上对育人过程的结构和运行方式进行再认识和再设计，是对“人的全面发展”的反思、回归和实践。

育人模式是教育教学的成功经验的高度凝练，体现了学校育人的本质特征和基本结构。正因如此，育人模式的构建与优化是新时代普通高中教育实现高质量发展的重要途径和手段。然而，反观当前我国普通高中教育发展的现实，虽然总体上高中多样化发展的格局已经初见端倪，但一些新问题和老问题仍然困扰着普通高中教育的发展，例如区域间高中教育发展水平差距较大，全国普遍存在的“县中塌陷现象”、明显的应试化倾向等。面对这样一种教育发展现实，更加需要关注育人模式建构和优化过程中存在的一些问题。这些具体问题包括：学校教育“碎片化”倾向明显，校长对育人模式整体建构的认识不到位，学生发展指导窄化、弱化甚至缺位，教育资源配置失衡制约办学逻辑的调整等。

育人模式要始终把立德树人根本任务放在首位。不管采用什么样的办学方式，普通高中学校都应深度思考“学校究竟要培养什么样的人”的问题。普通高中学校应围绕这一根本性问题重新审视学校的办学理念和定位，以提高学生的综合素质为导向，将高中教育的重心从原有的“高考主义”转向“素质主义”；努力创新办学思路，立足自身历史和现有资源，寻找新的立足点和成长点，开展特色办学，发展合适的、有质量的教育。

三、育人模式建构是一个系统工程

育人模式建构是一项系统工程，需要明确当前学校发展的核心关键问题，更需要借助科学的方法论、以系统策略解决问题。育人模式建构需要关注学校发展的整体性，所谓学校发展的整体性是指学校发展过程中各方面要素相互联系、相互渗透、相互制约，形成一个有机整体，学校中任何一部分如果离开这个整体就失去其应有功能，整体的功能由各个功能部分组成[①]，各部分结构的改变会带来整体功能的改变。学校整体建构涉及办学目的、主体、客体、内容、过程、方法、手段以及结果等各要素的有效整合。例如，学术性高中作为一种正在探索中的育人模式，其核心特点在于学习方式的转变，宗旨在于探索创新型人才的培养。创新育人模式的关键在于回归教育本原，将人作为教育的立足点和根本点，发现与发展每一位学生的潜能，促进每一位学生自由、充分地发展[②]。

深化普通高中教育改革重点在于供给侧改革。它是高中教育改革的主要范式，显现出如下趋势：突破价值导向和政策层面，超越宏观层面上教育资源总量和结构上的改革，深入普通高中教育内部，从高中学校育人要素的重组中要内涵，从高中育人模式转型中要质量，办出内在价值与工具价值相统一的高中教育，使社会人才需求的多层次性、多样性与人的发展的多层性、多样性相协调。这要求我们回到原点不断反思和追问为什么需要普通高中教育，普通高中教育的独特性在哪里，我们需

---

① 陈如平. “整体建构”：学校改进的实践模式[J]. 中小学管理，2015（4）：18-20.

② 周敬山. 关于创新普通高中育人模式的思考[J]. 创新人才教育，2016（1）：19-23.

要怎样的普通高中教育等问题。

我国高中学校对育人模式有意识地进行建构起步较晚，可以说是对前一阶段普通高中学校“千校一面”等高度同质化问题的一种回应。在总结和梳理已有教育实践的基础上，一些研究者提出了对育人模式的理解和认识，从不同侧面提出高中学校育人模式构建的路径和方法，但仍潜在地把育人模式与学校发展的相关理论割裂开来。因此，在思考育人模式建构的过程中需要明确其作为中观层面问题的复杂性，既要关注发展背景也要对具体措施的设计提供引领和指导。

首先，育人模式变革要注意全要素的有机协调。高中阶段是学生发展潜能及其价值的认识逐渐明朗化，形成稳定而健康的个性特长的重要节点。在这样的节点上，普通高中学校应尽可能为学生提供自主发展的空间，让学生有机会在多样化的活动中发现自己，有选择地发展自己的兴趣特长。为此，普通高中育人模式变革并不是点位上的变革，而是育人模式各要素之间的相互协调，为高中学生全面而有个性的发展提供更加有力的支持。

其次，育人模式变革要始终把立德树人根本任务放在首位。不管采用什么样的办学方式，普通高中学校都应深度思考“学校究竟要培养什么样的人”的问题。普通高中学校应围绕这一根本性问题重新审视学校的办学理念和定位，以提高学生的综合素质为导向，将高中教育的重心从原有的“高考主义”转向“素质主义”；努力创新办学思路，立足自身历史和现有资源，寻找新的立足点和成长点，开展特色办学，发展合适又有质量的教育。

再次，育人模式变革要确立和完善学校理念体系。在推动学校育人模式变革的过程中，必须重视学校办学理念体系的梳理、提炼和表达。学校办学理念不等同于教育思想或教育理念，也不能窄化为校长个人的教育思想，它是学校教育共同体成员智慧的结晶，是学校发展和积累过程中逐渐形成的。

最后，育人模式变革要重视全体教师的有效参与。学校只有由内而外地改革才能成功。教师作为学校的重要成员，是学校办学理念形成和凝练的主体力量，也是各项教育教学活动有效落实的重要执行者。校长应充分认识到教师在学校育人模式变革中的角色和作用，采取民主办学的治理方式，充分调动学校教职员工参与学校育人模式变革的积极性和主动性。为此，学校在推动育人模式变革的过程中，要注意参考借鉴“治理”理念，构建“留白”式学校内部治理，为教师、学生发挥自主性预留空间。

第二节　育人模式整体建构的意义与价值

一、深入落实立德树人根本任务

育人模式是立德树人根本任务有效落实到学校教育教学活动中的重要纽带和关键过渡，是实现学校育人功能的中观机制。按照结构功能主义的观点，在一定价值导向下构建起来的育人模式影响着学校育人功能的发挥。因此，在具体架构育人模式的过程中首先需要遵循党和国家宏观层面的教育方针政策，结合学校占有教育资源的情况对学校育人理念和目标进行系统的校本化设计，使其成为引领育人模式有效实施的“灵魂”主线，进而围绕校本化育人目标创新和设计育人模式要素，落实“培养社会主义建设者和接班人”的根本任务。

新时代促进人的全面发展成为教育的核心要义，落实过程中要注重建设德智体美劳“五育并举”的全面育人体系，反映在学校层面上就是要重新审视固有的育人模式，对标新时代发展要求，继承、完善和发扬有助于人的全面发展的内容、机制和做法，调整甚至摒弃那些割裂人的全面发展的内容、机制和做法。这样的审视和建构不是一蹴而就、一劳永逸的，它是一个伴随学校发展而不断跟进的过程。育人模式建构和完善的过程价值远大于其结果价值。“五育并举”应成为育人模式的根本组织原则。坚持“五育并举”就是要站在整体育人的高度，充分考虑各方面育人要素和每个育人要素的各个方面，有效整合、系统谋划，将德智体美劳融会贯通到学校教育中。

二、推进高中教育多样化发展

育人模式是固定不变、唯一的吗？这是育人模式讨论过程中无法回避的问题。育人模式作为学校发展的“顶层设计”、作为教育理论和方针的校本表达，内生于学校教育实践，具有相对的稳定性。这种稳定性需要有教育政策、资源等外部环境的支持，一旦外部环境有所改变，育人模式也需要作出相应的调整。育人模式是一个闭环但不是孤立的，与学校所处的外部环境之间存在交换和互动，这使得育人模式具有一定的开放性，从而进一步推动育人模式与外部环境之间保持协调。

育人模式建构呈现多样化的特色。构建科学有效的育人模式，认识和理解学校自身是基本的逻辑起点。这要求学校首先要挖掘和解码学校的文化基因，寻找影响学校发展的关键性因素或敏感因子。学校文化基因的多样性在某种程度上决定了育人模式的多样性，诸多育人要素间的组合关系也进一步强化和固化了这种多样性。这种多样性重点不是质量水平上的差异，更多是基于学校发展“共同基础”之上的多样化，突出以学校育人理念为核心、基于分类的多样化。

从国外高中教育培养模式建构情况来看，各国采取了不同的实现路径，构建了多样化的高中育人模式。例如，美国普通高中培养模式多样化不仅体现在高中学校类型的多样化，更体现在学校内部培养模式的多样化。作为美国高中教育主体，综合中学内部一般分为学术科、普通科和职业科三个方向，同时提供多样的必修课与选修课，满足学生的不同需求。英国则通过在纵向与横向上的区分，给不同资质的学生提供多样的高中教育。英国高中一般提供多样的学习领域，每个领域又区分为多个水平层次，学生可以通过完备的资格证书体系选择适合自己的高中教育。与英美不同，日本则主要通过设立新型高中实现对高中育人模式的调整，例如学分制高中、6 年制高中（初高中完全中学）以及后来的超级理科高中（SSH）等。韩国普通高中则在其政府的大力推动下快速发展，培养模式多样化程度较高，主要体现在课程的选择性、课程领域的多样性、教学方式的多样性等方面。

三、增强学校发展的主体性

主体性发展是当前中小学教育改革的一个热点问题。一方面因为分级管理以后，教育行政部门会将越来越多的办学权下放到学校；另一方面学校要想取得社会的认可，也必须从主体性发展的角度考虑如何通过创建特色、树立品牌，赢得大家的信任。2020年教育部等八部门印发了《关于进一步激发中小学办学活力的若干意见》，明确提出保障学校办学自主权，包括教育教学自主权、人事工作自主权、经费使用自主权，明晰了政府和学校之间的权责边界，同时从评价、激励机制、学校文化、办学机制等方面激发学校发展的内生动力。这说明在未来相当长的一段时期内，学校充分发挥办学主体地位，实现主体性发展是必然要求。

学校主体性发展主要体现在根据已有办学基础和条件整体设计学校内各校教育教学活动和学校内部管理方式上。育人模式整体建构正是学校在充分认识自身的办学基础、政策环境的基础上，对学校发展目标、重点内容、发展方式和发展路径的思考和设计，是学校主体性发挥作用的过程。学校要实现主体性发展，须了解学校发展的基本规律。从客观规律出发，认准学校的最近发展区，才能制定出与学校实际相吻合的发展规划。一般来说，学校发展可以分成三个基本阶段：初级的规范化发展、中级的个性化发展和高级的核心化发展。在规范化发展阶段，学校的主要任务是通过有效的管理，建立正常的教育教学运行秩序，确保有一个稳定的教学质量，成为合格学校。在这一阶段，建立规范、实施规范是必须要做的，但同时还要注意在适当的时候要超越规范。因为学校管理说到底是人对人的管理，在这种管理中，规范固然重要，没有规矩不成方圆。但只有规范，没有情感也是不行的。人与人之间的关系除了规范之外，还要靠相互之间的情感进行交流，产生影响。由此，育人模式整体建构的过程实际上也可以说是学校发挥主体性的过程。

第三节 育人模式整体建构的理论依据

一、学校改进理论

学校改进理论作为一个独立研究领域产生于20世纪70年代末到80年代初，主要核心问题是“学校如何不断地改进”，以提高教育质量、增强教育对经济社会发展的支撑作用。20世纪70年代后期OECD提出的“国际学校改进计划”，率先在英美国家开启了学校改进（School Improvement）研究。从理论源流上来看，学校改进理论是从学校效能研究中发展出来的，但二者之间在认识论基础和研究方法上存在一定的差异。学校效能研究旨在回答“有效学校的特征是什么”，注重通过一系列假设进行验证，着重分析学校层面、班级层面以及学生个体层面的各种可测量的变量对学生学业成果的影响。学校改进研究则更加关注通过改变学校内部的一些条件，使学校文化发生改变，进而推动学校不断改进。20世纪80年代后期学校改进研究开始与学校效能走向一体化，催生各种学校改进方案；20世纪90年代中后期以来，学校改进的内涵进一步深化，更加注意系统性和制度性因素，为学校发展提供指导方针和执行策略。

目前，各国学者对学校改进的理解并不相同。麦尔斯（Miles）等认为学校改进是在为更有效地实现教育目的的统领下所进行的改进一所或多所学校学习条件以及其他相关学校内部条件的系统的、持续不变的努力，最终更有效地实现教育目标。这一定义对学校改进的计划性、管理性和持续性加以强调，关注改进的组织条件。这个定义意味着所有的学校改进都包含学校改革，但并不是所有的学校改革都能够实现学校改进。艾尼逊（Ainsow）和韦斯特（West）认为学校改进是为提高学生学习成绩、加强学校管理变革能力而进行的有计划的教育改革。贝茨（Barth）对学校改进的理解强调学校文化的改革，指出“学校需要改进的内容是他们的文化、人际关系的质量以及学习经验的本质和质量”。我国研究者褚宏启（2009）认为学校改进的实质是学校层面全面、深度、持续的组织变革，其影响因素和变量很多，使得它具有超出想象的复杂性。陈丽（2010）认为学校改进是针对学校发展中的问题，有计划地变革学校内外部运行要素、方式与理念，使学校解决问题，推动学校向理想目标发展的渐进性持续努力过程，具有主观性、持续性和渐进性。沈玉顺则认为学校改进是一项复杂的系统工程，需通过有目的、有计划、有组织的变革，使学校向着理想方向发展。

学校改进自产生以来其研究主题和范式发生了阶段性的变化。在20世纪70年代到80年代初的起步阶段，以经济合作与发展组织（OECD）资助的“国际学校改进项目”（ISIP）为起点，强调组织的改革、学校的自我评价、教师和学校个体的自我改进，学校改进研究较为零散，缺乏对学校改革的系统性和完整性的关注。学校改进研究的内容伴随其内涵的深化逐渐从微观层面的点位性内容逐渐生长和扩张，出现系统性改进、整体性改进模式等。学校改进最初主要聚焦于课堂、课程等，随着学校效能理论的兴起，又集中于有效学校改进研究，例如，埃德蒙兹（Edmonds）等分析总结出好学校的典型特征，构建学校效能理论以支持学校改进。学校持续提供优质教育并不是简单能够实现的，需要通过学校以外各方力量的共同努力，推动学校持续改进。学校改进的最终目的在于提高教育质量，是一个持续改进的过程。霍普金森（Hopkins）对学校改进的概念提出两种观点：一是学校改进与使学校成为学生学习的更好场所普遍努力相联系，使学校成为孩子和学生学习的更好的地方；二是学校改进是一种教育改革的特殊方法，用来提高学生的成就以及加强学校的管理变革能力[①]。韦尔赞（Velzen）等认为学校改进是一种系统而持续的努力，旨在改变校内的学习环境及其他相关因素，最终令学校能更有效地实现其教育目标。

学校改进的影响因素多样，需要系统协调。Gerry Reezigt 等（2005）在“有效学校改进项目”（Effective School Improvement Project）指标框架的基础上进一步优化有效学校改进的综合性框架。沈玉顺（2011）分析了学校改进的动力机制，指出当前学校改进的外部动力主要有政府权力、教育学术或行业权威、公众舆论三种，内部动力主要来自学校领导和教职工改进学校的愿望（但以前者为主）。这些改进动力通过发布命令、建立规则和提供利益交换三种方式激发学校的改进动力。Benoliel 等（2017）提出团队力量对于提升学校的整体性具有关键性作用，也是学校变革的必然要求。

学校改进基本遵循休哈特循环，即 PDCA 循环。PDCA 循环是一种以“实践的认知兴趣”为导向，以“历史——解释”科学的视角对学校

① 楚旋.30 年来国外学校改进研究述评[J]. 现代教育管理，2009（12）：97-100.

所进行的实践探索研究。学校改进存在于围绕学校交往的群体以日常语言组成的生活方式的框架之内，以解释学作为研究范式，采用质化的研究方法[①]。20 世纪 90 年代以来，学校改进项目不断总结其实践过程模型，为后来者提供了诸多参考，例如，Lawrence Lezotte 和 Kathleen McKee's 的"高效学校持续改进过程（The Effective Schools Continuous Improvement Process）"、全国学校评价研究（NSSE）的"学校整体改进"模型（Model of Breakthrough School Improvement）、旧金山湾区学校改革协作网（The San Francisco Bay Area School Reform Collaborative）的调查循环（Cycle of Inquiry）、Zumda 和其同事的"持续改进六步骤"、美国教育学会（The National Education Association）的"卓越学校的关键（the Keys to Excellence in Your School，KEYS）——持续的学校改进"模型、Willis Hawley 和 Gary Sykes 的"持续改进的模型"等。

学校改进的具体策略和途径十分多样。学校采取怎样的策略和途径实现改进也是学校改进研究的重要内容，学者通过理论探讨、个案研究等方式进行了深入地探讨。Willis D.Hawley（2006）在《有效学校的关键（The Keys to Effective Schools）》中介绍分析了美国教育学会学校改进项目的经验；Lawrence Lezotte 等（2006）探讨了持续改进的学校系统及其改进，全面阐述了学校改进的过程、方法和技术等。王丽华（2007）、刘如平（2009）等通过考察学校改进个案分析了学校改进的有效途径；楚璇（2011）从系统论的视角提出"四主体-四维度-三重认识论"的综合学校改进研究框架。Reigeluth 等指出大部分学校主要是为筛

① 李旭. 方法论研究：从学校效能到学校改进[C].2011 首都教育论坛学校发展国际学术研讨会论文集，2011：200-206.

选分类学生而设计的，并没有保证所有学生都能专心致志地学习，因此，在信息时代应建立新的教育范式。Cristián Bellei 等（2016）总结提出学校改进的四个阶段，即有限性改进（restricted improvement）、早期型改进（incipient improvement）、半制度化改进（moving toward institutionalization）、制度化改进（institutionalized），不同阶段的学校改进所面临的问题、政策需求以及学校效能有所不同。

二、系统论

系统存在于世间万物，是人类迄今为止认识的最重要的概念之一。“系统”一词来源于古希腊语“systεmα”，意为部分组成的整体。《韦伯斯特大辞典》中将“系统（system）”一词的含义解释为“由许多通常是种类不同的部分，依照一个共同的计划或者适用于一个共同目的所形成一个复杂的统一体。在有规律的相互作用或相互依赖中连接起来的那些对象所构成的一个聚集体或集合体；由自然或人工组合成为一个完整的、有机的或者有组织的整体的单元集合；一个有条不紊进行工作的总体。”《汉语词典》中将“系统”解释为“自成体系的组织；同类事物按一定秩序和内部联系组合成的整体。始终一贯的条理，有条不紊的顺序。”钱学森认为系统是由相互作用、相互依赖的若干组成部分结合而成的，具有特定功能的有机整体，而且这个有机整体又是它从属的更大系统的组成部分。《系统思想》主编迈尔斯认为，“系统”被定义为满足一种需要或要求所用的一组概念和（或）一组元素。当人们能够将一种需要与满足这种需要的能力联系起来时，就产生了一种系统的概念[①]。贝塔朗菲在

① 小拉尔夫·弗·迈尔斯. 系统思想[M]. 杨志信，葛明浩，译. 成都：四川人民出版社，1986.

《一般系统论：基础、发展和应用》一书中提出“系统无处不在”，尤其是在技术发展的推动下人们在“一切知识领域中运用‘整体’或‘系统’的概念来处理复杂性问题”，并将系统定义为“处于特定相互关系中的诸要素的集合”。系统的基本属性主要体现在五个方面，即整体性、层次性、目的性、动态性、相关性（图 3-1）。

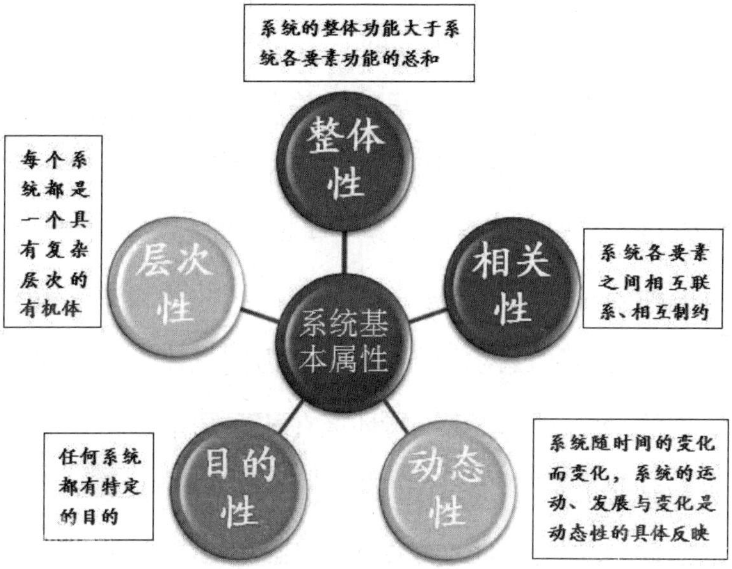

图 3-1　系统的基本属性

系统思想构成一种观点和一种方法，它必须使整个系统达到最优化，而不是使这个系统中的各个元素分别都达到次优化。一般所说的系统概念也包括系统设计和系统运转过程中所涉及的许多方法论方面和分析方面的技巧[①]。系统思想可以追溯到 20 世纪 20 年代，其诞生于人类应付日益增加的“有组织的复杂性”的尝试。伯顿 · 克拉克指出，“系统这个名

① 小拉尔夫 · 弗 · 迈尔斯. 系统思想[M]. 杨志信，葛明浩，译. 成都：四川人民出版社，1986.

词有很多用法，意义变化不定，模棱两可，使人感到麻烦，但在任何社会科学中又必须采用这个概念。这就需要扩展边界，把认真从事教育活动的行动者和行动作为系统的组成部分，所有其他实体和集团都在系统之外，成为环境的一部分。”建立在系统思想基础上的关于复杂性的整合的科学为我们提供了最好的认识世界的工具，通过它人们有可能形成对事物的一种整体透视图景。作为承载系统思想的方法，系统论应运而生，其不仅是一种理论，更是一种思想的变革，展现出一种复杂性思维方式，其主要特征为非线性思维、整体思维、关系思维和过程思维等。系统论赋予我们一种透视眼光，可以用这种眼光来看待人和自然，这是一种根据系统的性质和关系，把现有的发现有机地组织起来的模型。

系统由多种要素组成，要素之间关联方式的总和构成系统结构。系统结构通常是一种层次或网格结构，表现为信息流、工作任务流、资源分配流等结构的动态集合。系统与环境在相互联系与相互作用过程中的能力，称为“系统功能”。复杂系统和复杂性科学的兴起和发展，逐渐揭示了世界的演变是非线性的，而且常常伴随着新事物的生成，系统功能由系统结构以及环境共同决定。正如拉兹洛将系统理解为“由共有结构和功能的一组事物形成的具有复杂性的实体”，系统要素之间关联方式的不同组合方式会影响到系统的功能，因为所有的事物既是结果又是原因，既是受作用者又是施加作用者，既是通过中介而存在的又是直接存在的。不认识整体就不可能认识部分，不特别地认识各个部分也不可能认识整体。

系统结构需要设计，这个设计的过程就是系统不断优化的过程。系统方法是用科学方法解决复杂问题的一种技术。它的注意力集中在分析、设计与其成分或部分截然不同的整体。它坚持全面地看问题，考虑所有的侧面和一切可变因素，并且把问题的社会方面与技术方面联系起来[①]。迈尔斯提出了编制系统设计的六个步骤，即目的定义或问题表述、拟出目标和标准、比较方案的综合、系统分析、系统选择、系统实现。这是系统设计的逻辑步骤，但很少能按照这样的步骤进行。设计任何系统总要经过反复迭代，提出问题—解决问题—再提出问题，循环不已，每一次循环都产生一个更加精确的、更好理解的和原则上更为优化的系统。系统设计的一条总体原则就是“求最大的期望值”，也就是在充分考虑系统中各种复杂因素的条件下设计一个能够最大限度地实现预期目标的系统结构。进行系统设计最大的难点在于对系统复杂性的把握，尤其指导系统目标的深层次价值观问题，往往容易在处理系统各种复杂要素以及子系统关系的过程中被淡忘又或出现偏差。因此，设计系统时需要充分考虑系统实现过程中的“校正机制”。

三、“第二曲线”理论

美国未来学院院长扬·莫里森（Lan　Morrison）的《第二曲线》一书于 1997 年出版。在书中，他总结了世界许多著名企业成长发展的规律，提出了“第二曲线”理论。他认为，第一曲线即企业在熟悉的环境中开展传统业务所经历的企业生命周期，而第二曲线则是当企业面对未来的新技术、新消费者、新市场时所进行的一场彻底的、不可逆转的变革并由此进入一个全新的企业生命周期。第二曲线的基本事实就是变化。

---

① 小拉尔夫·弗·迈尔斯. 系统思想[M]. 杨志信，葛明浩，译. 成都：四川人民出版社，1986.

这种变化包括许多方面的转换：社会、市场、个人和企业。

“第二曲线”理论具有如下特点。①“每一行业都必须面临第二曲线，因为这是由外部变化引起的，并非由一个公司本身能够控制的”。对于企业，“第二曲线来自三大力量：新技术、新消费者和新市场。”②两条曲线在事物的发展过程中总是相对应的，组织或个人发展的过程就是两条曲线不断交替发展的过程。“第一曲线”往往代表着传统的、现实的发展状态（或者目标、模式），“第二曲线”往往代表着组织或个人未来的发展状态（或者目标、模式）。一个具有历史传统的企业只有经得起巨变，才能成功地从第一曲线跨入第二曲线。经过一段时期，时空改变了，第二曲线又变成第一曲线，于是又要开创新的第二曲线，轮流交替。在两个曲线的世界里，“变化”是确定和正常的。③两条曲线之间总是有矛盾冲突的，但作为一个企业的“关键人物（决策者）”，永远不要停止寻求更好的策略，“你应该永远抱有这样的信念，尽管现在所采取的策略不错，也应该相信，还有更好的策略，这样就能够消除许多第二曲线背后的假象。”④在第二曲线阶段企业取得成功的最主要原因就是“领会变化”。实施“第二曲线”策略，实际上是面向未来，而未来是不确知的，因此，“关键人物”要充满希望和自信，积极寻找时机，要敢冒经营的风险，否则将导致经营失败。⑤两条曲线之间是有较大跨度的，所以企业发展目标的跨越往往是突变的，是一种质的变革。与此同时，两条曲线转换的过程中，决策者要冒较大风险，往往要经历经营业绩的下滑期。扬·莫里森认为，把握两条曲线具有如下作用：能够帮助企业考虑重大的变化，而不是递增式的、每一个公司在其发展周期中都必须经历的变化；能帮助企业在巨大的变化之中拥有应付各种困境的战略手段①。

四、内生发展理论

内生（内源）发展理论和模式的思想源头可追溯到20世纪60年代日本学者鹤见和子（1969）将现代化演进过程分为“外发的发展”和“内发的发展”。所谓“内发的发展”是在保护生态、注重文化的同时，建立良好的社区秩序，追求可持续发展②。20世纪70年代，现代化理论、依附理论、世界体系理论等基于德、法、英、美等先发国家的经历构建起来的发展理论受到学界质疑，并不适用于指导发展中国家。于是，在解构既有西方中心主义取向的理论话语体系中，以构建关照本土化发展探索的内生（内源）性发展理论在全球范围内受到关注。20世纪70年代初，联合国社会经济理事会针对不发达地区经济发展提出了有别于既有外生式发展模式的“五点共识”，强调平等、自由和经济民主化。1975年联合国经济大会上瑞典Dag Hammarskjld财团在其报告《世界的未来》中首次提出“内生发展”（endogenous development）的概念，突出人的需要、多元化、自立性、生态保护、社会经济结构调整的作用。1983年弗朗索瓦·佩鲁受联合国教科文组织委托而作的《新发展观》一书中提到新发展应是“整体的”“综合的”“内生的”，内生发展是指一个国家合理开发与利用内部力量和资源的发展③。1986年联合国教科文组织《内源发展战略》报告指出，内源发展是由内部产生的发展，其目标首先是满足人民的真正需要和愿望，从

① 刘军.学校发展的“第二曲线”理论研究[J].教育研究，2002（8）：73-77.

② 王志刚，黄棋.内生式发展模式的演进过程[J].教学与研究，2009（3）：72-76.

③ 弗朗索瓦·佩鲁.新发展观[M].张宁，丰子仪，译.北京：华夏出版社，1987.

而确保他们自身的充分发展[①]，因此既要关注发展需要和愿望，又要考虑包括文化、人、财、物等在内的国情限制，更要强化和发挥个人、群体乃至区域的内部作用。21 世纪前后，内生发展概念发生转型，超越了前一阶段将外生发展和内生发展视为相互对立类型的视角，将“地方—超地方”的框架引入农村内生发展，农村内生发展基于地方主体性，联结地方与超地方中的发展要素，推动农村的经济增长与结构转型，以最终促进农村居民的全面发展[②]。在新内生发展概念下，国家力量、社会力量等超地方因素被视为可资利用的资源。

内生发展理论和模式在 20 世纪末被我国学者用于分析教育发展问题。为适应学校办学自主权扩大、克服学校体系功效减退的问题，有学者提出构建学校发展内生机制，包括学校发展的内生动力机制、内生运行机制和内生制衡机制[③]。进入 21 世纪后，学界对教育内生发展的探讨不断丰富和拓展，呈现出两种研究和实践路径：一是聚焦特定区域或教育领域，从内生发展的理论视角探讨教育发展方式的优化路径，例如，褚宏启提出教育法发展八要素，即资本、劳动、学生身心条件、课程、教育技术、教育技能、教育结构和制度[④]，并进一步提出“教育内生发展模型”[⑤]；二是聚焦学校发展尤其是中小学校发展，讨论学校教育的内生发展问题，例如孟繁华等认为学校发展的前提和动力来自学校组织变革，它是教育改革由外部到内部、由宏观到微观的关键环节，是学校内部微

① 联合国教科文组织. 内源发展战略[M]. 北京：社会科学文献出版社，1988.

② 章志敏，张文明. 农村内生发展研究的理论专项、命题与挑战[J]. 江汉学术，2021（2）：5-15.

③ 赵学华. 试论中国学校发展的内生机制[J]. 北京社会科学，1997（4）：106-112.

④ 褚宏启. 论教育发展方式的转变 [J]. 教育研究，2011（10）：3-15.

⑤ 褚宏启. 中国教育发展方式的转变：路径选择与内生发展[J]. 华东师范大学学报（教育科学版），2018（1）：1-14.

观领域改革的平台，也是学校与外界环境交互作用的载体①。杨小微等认为学校变革是一项多主体参与的事业，应从学校组织的关键要素及其相互关系构成的整体结构上加以重组和优化②。叶澜提出“内生力”首先要清楚地知道“成人成事”，不能只有事没有人，也不能只想成为怎样的人，却不去做事③。

第四节 育人模式整体建构的实施动力

一、育人模式整体建构的动力机制

学校发展是内部和外部环境相互作用、合力推进的动态过程，在应对社会转型的过程中需要建立一套与之相适应的学校发展机制，其核心在于通过促进学校内部群体行为的合理化、积极化、有效化，凝聚和提升发展的内生动力。育人模式整体建构作为学校发展的一种方式，是学校作为发展主体整合教育内部条件和外部环境对学校自身发展的总体设计和谋划。在这个过程中，外部发展环境和教育内部资源支持通过发展主体转化为学校具体的发展表现和成果，推动学校在文化建设、办学理念、管理方式等各个方面进行创新和变革，聚焦以教育教学质量为核心的学校内涵建设，实现整体办学水平的提升。学校进行育人模式整体建构是自我发展能力的体现，即学校内部促进自身结构

① 孟繁华. 学校发展论[M]. 北京：教育科学出版社，2011.

② 杨小微，刘良华. 学校转型性变革的方法论[M]. 北京：教育科学出版社，2011.

③ 叶澜. “新基础教育”内生力的深度解读[J]. 人民教育，2016（3）：33-42.

有序度和自适应、自发展功能的所有组织要素相互作用所产生的能量，是一种内生的、人本化的组织力量[①]，涵盖自我发展的动力、能力、潜力和活力等，旨在增强学校发展内生力，实现可持续高质量发展。

育人模式整体建构动力是驱动学校进行整体建构的力量，它激发、支持、推动或强化育人模式建构，使学校育人活动持续进行。学校育人模式整体建构的动力来自学校内部和学校外部两方面：内部动力主要来自学校领导和教职工改进学校的愿望；外部动力主要有政府权力、教育学术或行业权威、公众舆论等。通过发布命令、建立规则和提供利益交换的方式，学校能够激发整体建构的动力。

一方面，在发展主体的自我激励方面，建立学校长远健康发展的共同愿景。共同愿景作为一种远景目标，对一个单位中的成员有着重要的号召作用，有助于凝聚个体成员。构建学校发展的共同愿景不是校长一个人的事情，而是需要普通教职工共同参与的，让教师建立与学校发展共同愿景一致的个人发展意愿。在共同愿景的引领下，正确认识学校育人模式的现实状况，充分调动校长、教师、学生、家长等学校变革主体的力量，科学设定学校发展即育人模式整体建构的目标，设计育人模式整体建构的路径策略。

另一方面，在外部驱动力方面，政府及其教育行政部门，高等院校、教育科研机构、教育学术团体、教育行业协会等教育学术或专业、行业组织，企业，家长（组织），媒体或公众舆论以及来自同类学校的竞争等，会推动学校不断改进、完善自身育人模式。其中，政府及教育行政

① 沈曙虹. 学校自我发展力理论模型的实证研究[J]. 江苏教育研究，2017（9）：3-9.

部门是主要动力来源，相关政策调整对学校发展的任务、重点、方式等提出新要求。例如，新时代党的教育方针调整为“教育必须为社会主义现代化建设服务、为人民服务，必须与生产劳动和社会实践相结合，培养德智体美劳全面发展的社会主义建设者和接班人”，将劳动教育作为培养目标的重要内容，进一步丰富了全面发展的内涵要求。这就要求学校对育人模式进行调整，将劳动教育纳入育人模式之中，构建符合新时代教育方针要求的育人模式（见图 3-2）。

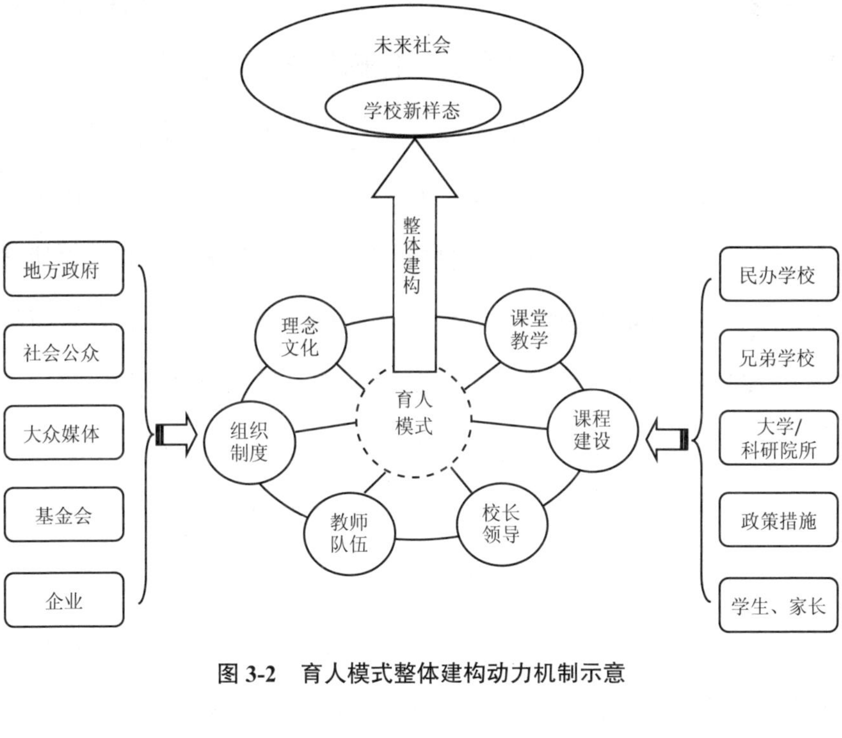

图 3-2　育人模式整体建构动力机制示意

二、育人模式整体建构的动力生成

1. 持续优化理念体系：强化方向性

办学理念是学校改革的灵魂，它对学校各项工作均有渗透性的指导价值[①]。在推动学校育人模式变革的过程中，必须重视学校办学理念体系的梳理、提炼和表达。一般来说，办学理念是全体学校成员对学校的理性认识、理想追求及所持教育观念或哲学观念，它是建立在对教育规律和时代特征深刻认识基础之上的，包括“学校是什么”“学校具有什么使命”“发挥什么作用”等一些对学校基本问题的价值判断和识别[②]。学校办学理念不等同于教育思想或教育理念，也不能窄化为校长个人的教育思想，它是学校教育共同体成员智慧的结晶，是在学校发展和积累过程中逐渐形成的。学校办学理念的凝练是一个价值澄清的协商共治过程。首先需要以校长为首的学校教育共同体确认学校的价值与功能、学校教育的价值与功能、什么样的教育是好的教育等基本理论问题。学校服务的对象是未完成的人，为党育人、为国育才是新时代学校教育工作的使命，立德树人是学校教育的根本任务。其次要结合学校育人实际情况，推动学校办学理念的真正落实。学校办学理念不应停留在口号层面，而应通过学校各领域的目标设定、制度建设等，推动抽象的办学理念转化为具体的育人举措。例如，北京二中提出“空气养人”的办学理念，明确其宗旨为“创造最适合人发展的学校教育生活”，具体提出全面发展、个性发展、可持续发展三个维度的目标，进一步构建了以“五大建设”（即物质文化建设、管理文化建设、课程文化建设、教师文化建设、学生文化建设）为核心的实践体系，层层推进“空气养人”办学理念的落实[③]。

① 陈建华. 论中小学办学理念的提炼与表达[J]. 上海师范大学学报（哲学社会科学版），2020（4）：70-77.

② 陈如平. 学校办学理念的“二元结构”现象剖析[J]. 教育发展研究，2005（5）：：60-63.

③ 钮小桦. “空气养人”：我的办学理念[J]. 中小学管理，2009（3）：49-52.

2. 有效运用信息技术：获取新动能

信息技术已成为推动教育变革的引擎。作为我国基础教育信息化的领头羊，普通高中教育在信息技术的支撑下，正在引领我国基础教育进行一场育人模式的重大变革，从“工业化时代学校教育模式”转向“智能时代学校教育模式”，并逐渐成为先进教育思想和理念传播中心、学习型社会的学习中心、数字化学校教育模式创新中心和促进教育均衡发展的动力中心。

信息技术支撑下的选课走班改革成效明显。利用信息技术有效化解了分层走班后新增的排课压力，有助于提升选课走班改革的成效。选课走班为学生的发展提供了广阔空间，但同时，在现有的教师资源、教室资源、教学资源下，如何科学合理地做好资源分配工作，给学校的教学工作带来了巨大挑战。信息技术支撑下的选课走班改革激发了学生学习的积极性和创造性，有利于个性化教学，实现因材施教。

与此同时，普通高中育人模式变革过程中对于教育信息化的重视程度还不够。受应试教育根深蒂固的影响，一些地方和学校对教育信息化的战略地位和重要作用认识不足，对教育信息化建设缺乏长远发展思考和整体推进机制，工作中循规蹈矩、惰性思维问题突出，存在着“重建设、轻应用”“上热下冷、外热内冷”的现象，距离满足师生对优质资源的需求还有较大差距。“新数字鸿沟”现象正在悄然形成。所谓“新数字鸿沟”是指在因“物理接入”而导致的传统“数字鸿沟”逐渐弥合的同时，因计算机或上网技能差异而导致的“技能鸿沟”和因网络使用差异而导致的“使用鸿沟”。

变革普通高中育人模式要注意发挥信息技术的作用，推动普通高中走向智能时代“以学生为中心”的新型教育。一是构建新范式，构建“以学生为中心”的教育，真正实现“有教无类、因材施教”的教育理想。二是确立新目标，培养新一代“创新人”。三是发展新素养，培养学生的学习力。四是构建新课程，建立以培养学生能力为主的新型课程体系。五是形成新方式，推动学校向学习中心转型，实现个性化、发现式的学习方式。

3. 全体教师有效参与：提升创新性

学校教育正在向以“创造性”“探究”“协同”为核心的高品质学习转型。学校只有由内而外地改革才能成功①。教师作为学校的重要成员，是学校办学理念形成和凝练的主要力量，也是各项教育教学活动有效落实的重要执行者。校长应充分认识到教师在学校育人模式变革中的角色和作用，采取民主办学的治理方式，充分调动学校教职员工参与学校育人模式变革的积极性和主动性。为此，学校在推动育人模式变革的过程中，要注意参考借鉴“治理”理念，构建“留白”式学校内部治理，为教师、学生发挥自主性预留空间。这种“留白”本质上是学校管理者一种有意识、有针对性、适度的放权，是对教师、学生乃至家长的信任，让学校教育中的各方主体在“留白”中体验到被“赋能”的愉悦，增强其追求自我实现的能动性②。教师可以通过多种方式参与学校育人模式变革。

第一，通过学校民主化治理框架的各种平台，为学校办学理念的形

① 佐藤学. 学校改革：学习共同体的构想与实践[M]. 于莉莉，译. 北京：北京师范大学出版社，2020.

② 李建民，陈如平. 新时代普通高中教育转型发展关键在育人模式变革[J]. 中国教育学刊，2019（9）：32-37.

成和凝练贡献智慧，这需要校长和学校领导班子转变管理方式，为教师提供参与的渠道。

第二，优化教师专业发展通道，将育人模式变革对教师的新需求融入教师培养、培训的过程中，推动教师的教育教学行为发生实质性转变，以更好地促进学生的全面发展。

第三，优化教师奖励评价机制，激发全体教师的育人初心，促进教师深度反思自身的教育理念和育人行为。

第四章　育人模式整体建构的方法路径

事物的发展变化都有其自身独特的规律，例如经济发展规律、人才成长规律等，我们需要遵循规律办事、根据规律需要探索可行的发展方法、路径。学校作为社会子系统的重要组成部分，其育人模式发展变化也有其基本规律，进行育人模式整体建构的过程中应采用科学方法，从而确保育人模式的整体效用。

第一节　育人模式整体建构的基础分析

一、分析学校育人模式的基本方法

SWOT 分析法（态势分析法）是 20 世纪 80 年代初由美国旧金山大学的管理学教授韦里克提出的，其应用范围最初主要是在企业战略制定、竞争对手分析等场合。近些年来管理学、社会学、经济学等领域的一些研究方法和工具手段等渗入教育领域，为教育领域提供了诸多便利和更为广阔的视角。学校是众多社会组织的一种，可以借用 SWOT 分析法更加清楚地了解自身的状况。对学校而言，优势和劣势属于学校内部因素，而机会和威胁属于学校外部因素。

SWOT 即优势（Strength）、劣势（Weakness）、机会（Opportunity）、威胁（Threat），SWOT 分析法即态势分析法，是基于内外部竞争环境和竞争条件下的态势分析，将与研究对象密切相关的各种主要内部优势、劣势和外部的机会和威胁等通过调查列举出来，并依照矩阵形式排列，用系统分析的思想，把各种因素相互匹配起来加以分析，从中得出一系列相应的结论，而结论通常带有一定的决策性。

优势是组织机构的内部因素，具体包括有利的竞争态势、充足的财政来源、良好的企业形象、技术力量、规模经济、产品质量、市场份额、成本优势、广告攻势等。对学校而言人，需要关注学校自身发展中的优势，例如，较为科学地构建了指向学科核心素养的学校课程体系，形成了较为系统的学校理念和文化体系，学校办学规模适度，教学质量在本地名列前茅，教师队伍结构相对合理等。

劣势是组织机构的内部因素，具体包括设备老化、管理混乱、缺少关键技术、研究开发落后、资金短缺、经营不善、产品积压、竞争力差等。对学校而言，需要重点关注办学条件老化问题、学校各项制度建设的科学性有效性、教师教学能力和教学方法陈旧、选课走班难以有效开展、整体教学质量偏低、生源质量等。

机会是组织机构的外部因素，具体包括新产品、新市场、新需求、外国市场壁垒解除、竞争对手失误等。对学校而言，发展机会主要来自新政策、新改革的出台，以及本地政府和教育行政部门的具体落实情况。例如，国家政策层面上开始关注县域高中发展问题，并专门出台了《“十四五”县域普通高中发展提升行动计划》，健全县域高中发展提升保障机制，促进县域高中与城区普通高中协调发展，为县域高中发展提供了良好的政策机遇。

威胁也是组织机构的外部因素，具体包括新的竞争对手、替代产品增多、市场紧缩、行业政策变化、经济衰退、客户偏好改变、突发事件等。对学校而言，发展中面临的威胁主要来自近年来地方政府财政紧缩、学龄人口减少以及家长对教育需求的不断提高等。例如，国家统计局最新发布的人口数据显示，2022 年末全国人口比上年末减少 85 万人，全年出生人口 956 万人，人口出现负增长，且负增长的大趋势将会在一段时期内延续，这势必会对学校总量、布局、质量等提出新要求，进而影响甚至塑造学校发展的外部环境。见某民办高校的 SWOT 环境分析样例表 4-1。

表 4-1 某民办高校的 SWOT 环境分析样例

优势（Strength）	机会（Opportunity）
·起步较早，占领了市场先机 ·专业设置与市场结合较为紧密 ·注重教育研究和科学研究，以科研领导教学，全面提升教育质量 ·大学自主性较强，学校在专业设置和课程安排上体现了一定的创新意识 ·综合性专业设置，融理工、管理、语言、艺术专业于一体，便于学科结构的整合 ·教学设备较为完备，师资力量在同类民办大学中较为雄厚	·教育需求不断增加，需求层次增多，高等教育整体规模在不断扩大 ·政府对民办大学的关注越来越多，对民办大学的扶持政策将在一段时期内得到落实 ·社会对热门专业人才需求逐渐增大，较高的工作报酬有助于吸引优质生源 ·社会对民办大学的看法开始发生微妙的转变 ·全球化使各国及其高校之间的合作不断增多，国际化有助于提升学校的社会声誉和教育质量

续表

劣势（Weakness）	威胁（Threat）
·生源质量有待提高 ·基础理科实力相对较弱 ·在发展方面，人、财、物等条件仍有较大缺口 ·以教学为主，有一定科研能力，但科研水平有待进一步提高	·全球化使国际高等教育服务贸易竞争加剧；国内大学之间竞争加剧 ·社会对民办高校仍存在一定的偏见 ·高校培养出来的学生必须具备较强的职业能力才能应对社会环境的挑战。社会对学生自主学习、自主创新能力的要求在不断提高 ·民办高校对于政府政策具有较强依赖性，国家、地方政府政策的波动将影响民办学校的发展

二、育人模式整体建构的环境分析

正所谓“知己知彼，百战不殆”，环境分析可以帮助学校更加清楚地认识到自身所处的位置和情况，它是学校构建和完善育人模式的重要组成部分，通过分析学校的内部和外部环境可以掌握影响学校生存和发展的各项因素，从而有助于制定科学合理的发展政策和策略。学校育人模式整体建构的外部环境按照内容领域可以划分为政策环境、经济环境、社会环境、技术环境等四个版块（详见图 4-1），不同版块之间相对独立，但同时也存在一定的相互影响。总体上，学校作为社会系统中的一种组织，其发展既受到其所面对的外部环境的制约（或支持），又有责任、有义务回应和服务外部环境对学校的期待和需求。

政策环境是指政府的各种方针政策的综合，它决定和影响着学校育人模式建构的走向。政策环境包括国家重大发展战略、教育政策、国家和地方财政政策等。例如，《“十四五”国家信息化规划》提出建设网络强国、数字中国的重要战略任务，在这样的政策背景下构建网络化、数字化、个性化、终身化的教育体系势在必行。教育部对此也作出积极回应，加快推进教育数字化转型，出台专门文件有序实施教育新基建建设，促进教育数字化转型升级，支撑教育高质量发展。在这样的政策导向下，学校也应积极回应数字化转型的要求，在国家相关政策的支持下推动数字化技术的应用，提高学校信息化建设和应用水平。

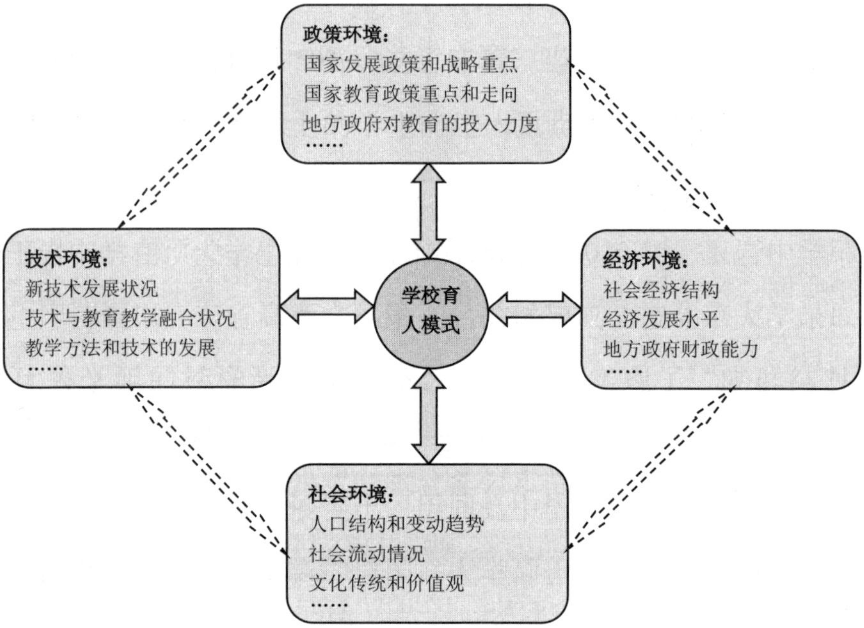

图 4-1 育人模式外部环境分析示意

经济环境是指影响教育运行发展的物质资料生产、分配、交换和消费，以及资源、人口、生产力发展水平等。社会经济结构决定着人才需求结构，在工业化社会，人才需求更加强调具备标准化能力的产业工人的培养，而在信息化社会，人才需求更加强调以问题解决能力为主的创新性人才的培养。经济结构的转变势必要求学校调整人才培养规格，课程设置从技能导向转向素养导向，因此，学校在构建育人模式的过程中，需要综合考虑社会对人才的要求等，合理设计和构建核心素养导向的育人体系。此外，作为教育子系统的重要组成部分，学校并不是一个“孤岛”，还受到其所在地方政府经济发展水平的制约，办学条件改善情况、大班额化解程度等都受到地方财政能力的影响。

社会环境是指组织生存和发展过程中所面临的各种社会关系，主要包括文化传统、价值观念、风俗习惯、人口结构、人口流动情况等。例如，人口流动情况影响着学校规模布局，北上广深等流动人口相对集中的超大城市需要充分考虑随迁子女的就学需求，尤其是为义务教育阶段的学生提供相应的学位，满足每个学生的发展需求。此外，文化传统也对学校文化具有重要影响，文化与教育的关系已经成为一个重要命题。

技术环境主要指技术发展水平、技术政策、新产品开发能力及其发展动向等。就学校发展而言，更多是指新技术发展状况（例如，元宇宙、AR/VR（增强现实/虚拟现实））、技术与教育教学的融合以及教学方法和技术自身的发展进步等。新技术的发展只有有效运用于育人过程，促进整体育人效能的提升才能真正发挥技术对教育教学的作用和意义。在育人模式整体构建的过程中，需要充分考虑这些新技术的合理应用，例如，多年来我国倡导智慧校园建设，在新型基建的支持下，可以进一步推进人机智能交互，提升学校现代化水平。

三、育人模式整体建构的要素分析

在学校系统中，要素的组合关系多种多样，随机因素多。处在这样一个系统中，要想实现目标，执行为此而制定的计划，使学校在竞争中得以生存和发展，不进行控制是不可想象的。控制的目的是使学校管理系统处于一种优化状态，即表现在一项管理目标的实现，在相同条件下做到人力最少、物力和财力最省、时间最短、质量最高、效益最好。需要指出的是，像学校系统这种随机性、偶然性、模糊性较强的“人-人”系统，这种优化状态是指达到满意优化程度。对于管理控制的类型从不同角度去分类，可分为许多种，例如，按照业务范围可把控制分为作业控制、质量控制、成本控制、资金控制等。按照控制对象的全面性可把控制分为局部控制和全面控制。按照纠正措施的作用环节不同可将控制分为前馈控制、现场控制和反馈控制。按照主管人员改进将来工作的方式不同可将控制分为间接控制和直接控制。应在诊断基础上确定学校育人模式整体建构的“发力点”和切入点。

办学理念是学校育人模式的重要组成部分，对于学校而言发挥着“大脑中枢”的作用。课程及其实施则是支撑学校办学理念落实到学生层面的重要载体和资源，是学校育人模式发挥效用的最直接通道。推动普通高中育人模式转型必须优化实施普通高考课程。然而，当前普通高中课程实施中仍然存在诸多突出问题。一是先进的课程实施理念与相对滞后的教育理念的冲突，二是较高的课程实施要求与相对不足的师资队伍的矛盾，三是灵活的课程实施方式与相对固化的课堂教学的错位，四是丰富的课程实施样态与相对匮乏的课程资源的差距。优化实施普通高中课程需要从多方面入手，包括加大普通高中课程实施的支持保障、深化普通高中课程实施的相关研究、加强普通高中课程实施的有效指导。

此外，学生发展指导是新时代普通高中育人模式的重要组成部分。目前，我国普通高中学生发展指导处于积极的探索阶段，各省市自发出台相关政策文件。分析各省已经出台的普通高中学生发展指导政策文本，我们发现各省市在普通高中学生发展指导内容、指导原则、指导方式上已达成基本共识。但是在具体的学生发展指导课程性质、课时设置、学分安排、教科书规范、师资配备上呈现出一定的差异。普通高中学生发展指导活动的有效推进需要明确学生发展指导课程性质，规范课程体系、明确课程课时学分。基于此，国家层面需要积极出台学生发展指导意见和课程纲要，明确课程实施细则，加强指导教师培训，确保学生发展指导的制度化、规范化、专业化。

第二节　育人模式整体建构的目标确立

一、发展目标设定的基本方法

SMART 原则是目标管理（Management By Objective）的概念之一，被称为制定目标的“黄金准则”。该原则是管理学家彼得·德鲁克（Peter Drucker）在《管理实践》（1954 年）中提出的，不久就成为管理学领域目标管理中的一个制定目标的经典原则。SMART 原则既有助于提高员工工作效率，同时也为制定考核制标准提供了相对明确的依据，推动考核科学化和规范化，从而提高公司管理的效能。SMART 是由 5 个英文词首字母汇总而成，即 Specific（明确性）、Measurable（可衡量性）、Attainable（可以实现性）、Relevant（相关性）和 Timed（时限性）（详见表 4-2）。

表 4-2 管理学领域的 SMART 原则

原则	含义	举例
Specific 明确性	用具体的语言清楚地说明要达成的行为标准	增强客户意识，将客户投诉率降低到 1%
Measurable 可衡量性	指标可以数量化和考量，可以通过对指标的数据和信息进行验证来获得	在本年度为所有老员工提供“绩效管理”培训。参加培训课程后，学员评分须在 85 分以上
Attainable 可以实现性	目标的设定在员工通过努力后是可以实现的，不能设定难度过高或者太容易的目标	要求初中毕业水平员工在一年内学完新概念第一册，而不是在一年内达到大学英语四级考试水平
Relevant 相关性	置出的目标是否有足够的价值，要通过目标的实现，获取更多的边际效益	要求前台工作人员提高英语水平，尤其是口语交际能力，以便提高外宾服务质量
Timed 时限性	目标的完成需要设定在一定的时间内，同时时间也可以成为调整目标难度的工具	在第三季度通过大学英语四级考试，在 6 月 30 日之前完成客户回访

在管理学发展过程中，出现了对 SMART 原则的三种不同解释，三种解释主旨相同但在部分指标的具体理解上存在一定区别。表 4-2 中的内容是第一种解释方式，与之相比，第二种解释最大的不同体现在对字母 A 和 R 的解释上，A（Acceptable）指的是制定出的目标要被员工所接受；R（Realistic）指的是这个目标是可以实现的。在第三种解释中，A 代表的是 Action-oriented，具体指的是行为导向，即设置的目标应该对员工有足够的吸引力，能够引导员工将其实现；R 代表的是 Realistic，解释为可行的，即目标的设置要为员工提供一个可以实现的方向和目标，以此来激发员工通过实现目标来满足管理者对其的期望；T 代表的是 Time and resource constrained，与前两种解释相比，第三种解释的 T 在时间的范畴上又加入了对于资源的限制，而这种时间和资源上的限制同样可以

看作对目标实现的一种调节①。

二、学校发展目标的根本遵循

全面落实立德树人的根本任务是学校发展目标设定的根本遵循，是学校作为育人组织的本质要求。立德树人是教育工作的根本任务，也是促进教学改革的核心任务，更是新时代教育质量观的价值基础与核心。质量观是人们关于质量的看法和见解。教育质量观是建立在一定的价值基础之上，通过各种措施提升教育质量的一种过程，包含对教育过程和教育结果的价值判断。立德树人根本任务应落实在各个学段、各个方面、各个环节，但在具体的落实过程中需要根据不同学段的特点找到有效落实的侧重点和突破口。构建和完善普通高中育人模式首先应“正本清源”，回到学校育人根本功能上，全面树立以立德树人为核心的教育质量观。

在此基础之上，结合学校自身特点、办学思想和基础条件等，形成学校自己的理念体系，进一步丰富和加强立德树人在人才培养过程中的内涵和落实机制建设。衡量普通高中教育质量的标准应包含德智体美劳多个方面的指标，不可把教育质量窄化为智育结果，甚至窄化为考试分数，也必须警惕“量化”在育人过程中的泛化。把学生发展的各个方面转化为分数的做法虽然有助于更清楚地了解和比较学生的发展状况，但“分数化”本身的科学性和价值导向容易对学生发展构成更深层次的伤害。这是普通高中育人模式构建过程中需要谨慎处理的问题。

① 岳鸣宇，刚昆鹭，马于川. SMART 原则及其与绩效管理之间的关系研究[J]. 中国商论，2021（12）：133-135.

三、学校发展目标的系统设计

学校发展目标真正落实到学校工作各方面、落实到课堂教学中才能发挥其作为发展目标的积极作用。因此，在育人模式整体建构过程中，目标设定并不能简单理解为单一目标的制定，而需要联系学校育人要素、具体实施等进行系统设计，形成由学校发展总体目标、分领域、分层级、分阶段目标等构成的目标体系。

总目标是学校发展的指引，强调其对学校发的引领性，发挥着“中枢神经”的作用。总目标的内容设计要科学、全面，能够反映学校发展的核心本质和发展方向。发展目标过于理想化或者过于低估发展势头都不利于组织自身的发展，学校发展目标的确立也要“量力而为”，不可过低也不可过高。发展目标过高，步子迈得过大，不仅难以激励教职工共同努力，反而可能会挫败其积极性，使得发展规划被束之高阁，成为应对上级检查或学校宣传的点缀。发展目标的确定要让教职工“看到希望”，要“目中有人”，要与教职工的努力程度直接相关（详见图 4-2）。

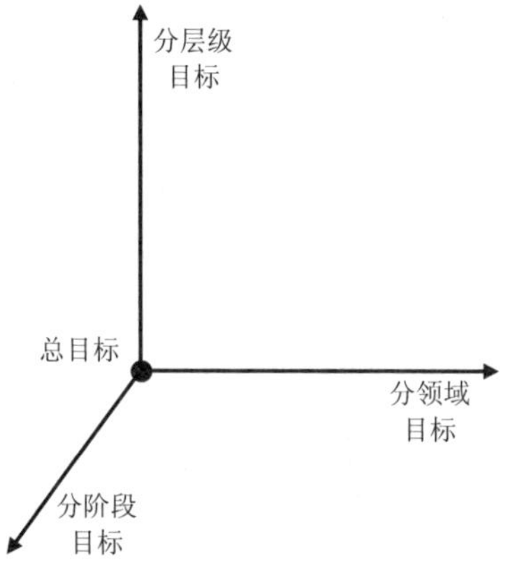

图 4-2 学校发展目标体系构成

总目标需要通过分阶段、分层级、分领域的下级目标分解，逐步向下细化，同时分目标的可测性也需要不断增强，以此增强对实现总目标的支撑作用。在总目标的统领下，在时间维度上可以分阶段进行目标分解，将总目标分解为长期目标、中期目标和短期目标，逐步推进总目标的实现。在领域维度上，学校可以按照教师发展、课程建设、教学改进、后勤管理等不同工作领域制定具体的分目标；同时也可以按照学校、教师、学生等不同主体的特质设定发展目标。在层级维度上，可以按照学校总目标、年级组目标、个人目标的方式逐层分解，形成不同层级的目标。例如，上海市复旦实验中学从学校办学、学生发展、教师发展三个方面设定发展目标。其中，学校育人目标是“坚持‘厚德、乐学’的理念，全面实施素质教育，培养品行端正、乐学善思、基础扎实，具有终身学习和可持续发展能力的中学生”[①]，并针对学生发展的三个特质进行细化。

第三节　育人模式整体建构的资源筹集

一、更新教育资源的认识理解

“资源”是指一切可被人类开发和利用的物质、能量和信息的总称，它广泛地存在于自然界和人类社会中，是一种客观存在物，能够给人类带来财富，可分为自然资源和社会资源。资源是稀缺的，人口的增长势

① 2019—2021 复旦实验中学三年规划. [EB/OL].[2019-09-03].http：//ypfdsy.edu.sh.cn/info/1022/3345.htm.[2022-12-03].

必带来对资源需求的日益增加，科技的进步和需求的扩张也使得人类对现有资源的开采和利用持续上升并最终导致资源的稀缺性越来越突出。

越来越多的人通过接受教育来改变自身命运并且获得更好的发展机会，教育资源的日益丰富为国民素质的提升提供了保证。但是，我国国民对教育资源的巨大需求与教育资源建设速度的相对迟缓，造成了入学难、入学贵等诸多现象，让众多家庭负担沉重，由此引发教育不公平的情况仍然很严重。当前，学校层面对于教育资源的理解和认识，仍存在多方面的误区。一是教育资源是人、财、物的供给，侧重有形资源。二是教育资源是外部提供的，突出被动性。三是教育资源是相对固定的，不具备生成性。

教育资源，指维持、组成、参与并服务于教育系统的一切资源，包括人力资源、物力资源、财力资源、时空资源、信息资源、文化资源、权力资源、制度资源、政策资源、关系资源等，这些资源构成了一个完整的教育资源系统。在教育资源系统中，人、财、物等物质性资源是最基础的教育资源，也是教育得以运转的基础和前提。时空资源是物质性资源的存在方式。信息资源作为一种非物质性资源，在教育资源系统中的作用越来越重要。随着科学技术的进步，信息化资源成为时代发展越来越凸显的主题，特别是随着网络的普及，信息资源突破了时空的局限，将部分地取代人、财、物的功能，使优质资源共享成为可能。文化资源、权力资源、制度资源、政策资源、关系资源等非物质社会性资源虽然不能作为独立的要素直接参与到教育过程中，但这些资源在教育资源系统中往往具有支配性地位，它们直接或间接地影响和支配着人、财、物等物质性资源的获取，也可以转换成物质性资源，因此，这些是更关键的教育资源。此外，课程资源是近年来一个常见的概念，课程资源是指提供课程活动和满足课程需要的一切条件，包括构成课程目标、内容的来源和保障课程活动进行的设备和材料。因此，课程资源是集人、财、物、信息、文化等资源于一身的混合资源。学校教育资源指学校内部已有的有教育意义的、能够促进学校教育目标实现的并且有利于学校教师、学生发展的一切可利用的条件，它包括物力、人力、财力、信息、制度、观念、时间等①。学校要将自己放在一个合适的位置上，站在教育大系统的高度，树立以大局为重、以整体利益为重的观念，处理好学校发展与开源节流的关系。

二、学校外部资源的协调统整

学校外部教育资源是学校以外、可用于服务学校教育教学的各种资源，包括高等教育资源（各类高校、科研院所等）、其他高中学校、家长群体、社会公共场馆资源、教育行政机构和其他政府部门等。这些外部资源在育人过程中的有效应用，还需要通过一定的平台和渠道得以实现。

积极搭建外部资源协调统整的平台和渠道，构建以学校为主的外部资源协调统整转化机制，赋予这些外部资源以教育性，将不同类别的外部资源有序、有效地引入学校育人模式建构中。例如，通过构建家校合作机制，将家长群体组织起来，在学校的积极引导下形成育人合力。此外，也可以与兄弟高中结成共建联盟或共同体，共享教育资源，实现相互借力。

① 于清清. 论学校教育资源浪费的现象、原因及应对策略[D]. 曲阜：曲阜师范大学，2009.

调整政府、市场和学校的关系，实现三者之间的良性互动。我国企业改革以及经济体制改革的经验证明，实行以市场供求为基础的价格机制，同时建立符合市场经济要求的产权制度和公司法人治理结构，形成有效的竞争机制和激励约束机制，是提高企业效率的关键。学校进行改革，提高资源利用效率，减少资源浪费，虽不同于企业，不能照搬其经验，但也可以借鉴企业和经济改革的成功经验，在政府逐步转换角色的同时，引入市场机制，促使学校高效率运转。

三、学校内部资源的深入挖掘

学校外部教育资源是学校内部的各类资源，包括教职工队伍、学校课程体系、教学资源、毕业生和在校生、学校各类场室等。应合理利用和开发学校物质资源，提高资源利用率。优化组合，合理调整固定资产结构；积极挖潜，提高固定资产的利用率；建立固定资产有偿使用制度。同时，通过整合生产流程和供需链，充分利用内外资源，降低有关的交易成本，实现收益最大化。以高校体育馆为例，高校体育馆投资巨大，占地空间大，但利用率较低，为了教育的需要又不得不兴建。如果每一所高校都要建的话，重复建设势必造成不必要的资源浪费，无益于体育馆的使用效益最大化。对此，如果同一城区的高校进行协商，采用重组共享的方式来共享体育馆等物质资源，那么，一方面使已有体育馆的高校提高体育馆的利用率，获得一定的投资收益，另一方面也满足了没有体育馆的高校的要求，同时有利于把有限的财力资源投资到其他方面，实现投资收益最大化。此外，学校要真正打破围墙，其场馆除满足校内各类教育教学活动之外，还应充分利用其功能，对外开放，制定具体的管理制度和细则，使其充分发挥效益。比如，学校的图书馆和实验室在保证自己使用的前提下，可以向社会开放，适当延长开放时间。同时要处理好对外开放和学校教学的关系，不能只顾眼前利益而损害长远利益，避免短期行为。

合理利用和开发学校人力资源，提高人力资源的利用效率。围绕学校自身定位和发展目标，通过对教师和学生进行科学合理组合，使每个人的工作潜能都能完全发挥出来，使学校在人才培养和科研产出等方面实现收益最大化。也就是说，要尽快地提高学校所属人力资源的生产率，促使学校教育尽可能多地产出。合理开发和利用教育教学资源，提高教育教学资源利用率。教师和学生整合与开发教育教学内容，改进教育教学方式和方法，改善教育教学行为，使师生双方能够最大限度受益。

第四节　育人模式整体建构的评价跟进

一、评价的作用与功能

评价是一种价值判断的活动，是对客体满足主体需要程度的判断。教育评价是对教育活动满足社会与个体需要的程度作出判断的活动，是对教育活动现实的（已经取得的）或潜在的（还未取得，但可能取得的）价值作出判断，以期实现教育价值增值的过程。教育评价是指在一定教育价值观的指导下，依据确立的教育目标，通过使用一定的技术和方法，对所实施的各种教育活动、教育过程和教育结果进行科学判定的过程。

纵观教育评价理论与实践的历史发展，一般认为其大致经历了古代的传统考试、近现代的科学测试和当代的科学评价三个不同时期。因此，教育评价来源于古代学校对学生的学力检验，但是教育评价系统的理论和方法的形成则直接来源于20世纪初兴起的一种以追求考查教育效果的客观性为目的的教育测验运动。教育评价事关教育发展方向，有什么样的评价指挥棒，就有什么样的办学导向。为加快推进教育现代化进场，建设教育强国，办好人民满意的教育，深入推进教育评价改革势在必行。

依据评价标准，评价可分为相对评价、绝对评价和个体内差异评价、常模参照评价与标准参照评价；依据评价的功能，评价可分为诊断性评价、形成性评价、终结性评价；依据评价对象的范畴，评价可分为整体评价和单项评价、群体评价和个体评价；依据评价学校的级次，评价可分为高等学校评价、中等学校评价、初等学校评价；依据评价学校的类别，评价可分为职业学校评价、专业学校评价、师范学校评价、特殊教育学校评价；依据评价主体的身份，评价可分为自我评价与他人评价；依据是否采用数学方法，评价可分为量化评价与非量化评价等。

评价具有多方面的功能。一是导向、监督功能。教育评价的意义之一是通过评价手段得出实证性发现和诊断性意见，为区域教育质量的提升，教育行政部门制定政策、改进工作提供数据支持和科学参考及有效监督。二是鉴定、管理功能。鉴定是教育评价最根本、最主要的功能，鉴定的目的在于检验教育工作和教学成果，从而为提高教育质量、完善教育管理系统、规范教学秩序、加强对教育工作者的专业培训等提供依据。三是诊断、激励功能。对学生在学业、综合素质、发展潜能等方面的现状、矛盾和问题进行诊断，分析原因，“对症下药”。

二、育人模式建构评估工具设计

美国著名教育评价专家斯塔弗尔比姆于20世纪六七十年代提出了CIPP评估模式，包括背景评价（Context Evaluation）、输入评价（Input Evaluation）、过程评价（Process Evaluation）、结果评价（Product Evaluation），整合了诊断性评价、形成性评价和终结性评价。CIPP评估模式认为评价是一项系统工具，为评价听取人提供有用信息，使得方案更具成效，其目的不在证明，而在于改进。育人模式建构评估借鉴CIPP评估模式的主要观点，定位为一种诊断、自查、改进的工具。同时，参考学校办学质量评估框架，课题组编制了育人模式建构情况的评估工具和指标，以帮助学校全面了解和把握育人模式建构的水平，为学校进一步优化育人模式提供诸多信息。

评估指标框架按照育人模式构建的基础、育人模式要素、育人模式构建成效的基本逻辑展开，主要包括办学理念、治理结构、办学条件、师资队伍、课程教学、学校特色、学生发展、社会影响等8个一级指标，办学定位、发展规划、学校安全、社会声誉等23个二级指标，较为全面地反映了学校育人模式构建的动态过程。

在实操过程中，各个学校可以根据具体情况设计符合自身发展需要的评估诊断工具，可以采用学校自评、专家评议的方式开展。同时，也可以充分发挥教师、学生和家长的作用，让各方参与到学校育人模式构建、改进和完善的过程中。在收集评估信息时，还可以充分运用智慧校园建设成果，依托现代信息技术，丰富育人模式建构评估和分析的数据支持（详见表 4-3）。

表 4-3　育人模式建构评估指标框架

一级指标	二级指标	三级指标
办学理念	办学定位	办学思路清晰，培养目标明确，师生和谐发展
	发展规划	学校有落实可行性、可操作性强的近期和中长期发展规划
治理结构	党组织领导	学校党组织按照章程履行职责，运作正常
	学校管理制度	实行党组织领导的校长负责制，校长职责、权力明确到位，管理制度完善、公开
	师生民主权利	师生代表参加校长办公会议，师生意见反馈渠道畅通
办学条件	校舍与场地	建设规范，符合国家建筑标准，功能性校舍和运动场地配置规范、齐全，满足师生需求
	教学设施设备	有与学校规模相适应、满足高中新课程实验需要的各类教室、教学仪器设备和器材
	图书配置	有与规模相适应的藏书室、阅览室，生均图书数量、电子读物等配置，符合相关标准，满足需求
	学校安全	学校安全制度健全，重视对学生进行安全教育，学校周边环境治理得当
师资队伍	教师队伍稳定性	教师数量充足，专任专职教师比例高，流动性小
	教师专业水平	教师学历达标率高，高学历教师和高级职称教师比例高
	教师专业发展	专任专职教师年龄结构、学科结构合理，教师培训和进修制度健全并有效实施
课程教学	课程设置	在开齐、开足国家课程的基础上，课程具有选择性，促进学生开展研究性学习
	课程教学管理	课程教学管理机制规范明确，教学评价科学
	教学质量保障	建立教学质量分析、监控机制，实行学生综合素质评，有反馈和改进措施
学校特色	教育活动	学校特色教育教学活动丰富多样
	特色规划	学校特色建设目标明确
	普及程度	特色项目和活动中教师、学生的覆盖面（参与面）广
学生发展	基础素养	学生全面发展，精神面貌和行为习惯表现良好
	学业成绩	学习兴趣浓厚，学业水平考试合格率高
	个性发展	尊重学生个性，学生社团和综合实践活动参与度高
社会影响	社会满意度	学生家长对学校的满意度评价
	社会声誉	教育教学得到教育管理部门认同，组织召开教学成果现场会、展示会等，媒体报道等

三、激活综合素质评价的育人功能

综合素质评价是当前普通高中学校学生评价的重要方式，通过对学生全面发展状况的观察、记录、分析，强调发现和培育学生，而不是甄别、筛选或淘汰学生，彰显其育人的过程性价值。2014 年教育部印发的《关于加强和改进普通高中学生综合素质评价的意见》要求评价内容要反映学生全面发展情况和个性特长，注重考查学生社会责任感、创新精神和实践能力，并提出思想品德、学业水平、身心健康、艺术素养、社会实践等五个考查方面，为各地进一步实施普通高中综合素质评价提供了基本框架和指南。综合素质评价作为一种“参考”指标，2014 年被纳入高考录取机制，此举强化了它的工具价值，也造成教育一线在具体执行综合素质评价以及评价结果使用中出现偏差和迷茫。

激活综合素质评价的育人功能，就是要回归综合素质评价的内在价值，让学生的意愿与教师的判断在高考中有机会、有途径得到体现。

首先，应转变教育评价观，超越工具主义评价观，立足全面而有个性的人去审视、建构、实施和使用综合素质评价。这需要教育管理部门、校长及学校管理者、教师乃至家长作出改变，形成共识。各级党委、政府要树立正确的政绩观和科学的教育质量观，坚决克服“唯升学”“唯分数”的倾向，不以中高考成绩或升学率片面评价教育工作、学校、校长和教师，学校工程项目、经费分配、评优评先不与升学率挂钩。

其次，需要改进综合素质评价的实施方式和技术支持，促进综合素质评价更深入地与整个学校育人活动相结合，实现常态化实施，更好地促进学生全面而有个性的发展。明确将综合素质评价纳入高考录取的办法，对综合素质评价结果在高考录取中的运用方式，给出明确的使用要求和使用规范。明确责权边界，加强政府、高校、高中的沟通与衔接，让高校切实在综合素质评价中发挥引领作用，充分调动高校在高考招生录取中采用综合素质评价结果的积极性。

最后，要创设让学生的综合素质能够充分发展的教育环境，结合区域实际和学校特色，深入推进综合素质评价在各地各校的深入实施情况，将综合素质评价融入学校日常的教育教学活动和管理事务中，使综合素质评价成为学校及所有学生在学校生活的一部分①。

① 徐文娜，孟宪彬，李潮海，等. 普通高中学生综合素质评价实施的现状检视与优化建议[J]. 现代教育管理，2022（11）：91-97.

第五章　育人模式整体建构的实践案例

育人模式整体构建既是一个理论性问题，也是一个关乎教育教学效果的实践性问题。两种认识方式相结合的理想结果是推动学校发展水平的持续提升，具体表现为学校育人理念的科学性、适切性、引导性等不断增强，教师、课程、教学等各个育人要素之间形成了良好的配合关系，学校办学特色和整体育人成效较为突出等。本章以 4 所高中学校整体育人实践为例进行讲解。

第一节　广州市玉岩中学：拔尖创新人才培养项目推动

一、学校简介

广州市玉岩中学坐落在广州市黄埔区，创办于 2006 年，是一所全寄宿制管理的全日制完全中学，是广东省国家级示范性普通高中及广东省德育示范学校，2019 年成为“中国教育科学研究院拔尖创新人才培养”广州市成员校。学校以“玉岩中学”命名，旨在延续千年古书院“玉岩书院”的文化底蕴，延续其浩浩文脉，教化一方、传播文化的使命和“博学于文、行己有耻”的思想。学校占地面积 15 万平方米，拥有全省一流水准的硬件设施。现有在职人员 284 人，专职教师 262 人。其中，全国优秀教师 1 人，全国模范教师 1 人，广东省中小学正高级教师 5 人，特级教师 7 人，省劳动模范 1 人，国家级骨干教师 8 人，南粤优秀教师 3 人，省、市优秀教师 15 人，广州市首批名教师 9 人，广州市十佳教师 8 人，广州市骨干教师超 33 人，广州市骨干班主任超 13 人，百千万培养对象 10 人，高级教师 108 人，一级教师 121 人，具有硕士学位教师 44 人，中共党员 122 人，教师学历按高中教师标准合格率 100%。同时，玉岩中学拥有省、市级名校长、名班主任、名师工作室共计 14 间，近十年来主持市级以上教育科研课题 28 个，玉岩中学的教师队伍是一支结构合理、素质优良、实力雄厚、锐意进取的教师队伍。

二、“引领未来，琢玉成才”的办学理念体系

广州市玉岩中学以“为社会引领者成长奠基”为办学理念。“社会引领者”体现出玉岩教育者和受教育者一致的价值取向追求、未来期许与现在所为：使学生能够主动发展、自我完善、脑勤手勤、心健体健，成长为“社会引领者”，成长为国之栋梁，体现个体终身发展的追求层次；“成长”既表达了玉岩中学对学生发展可能性的肯定，也表达了玉岩中学教育的主体对象是具有发展可能性的每一位学生，创造适合每一位学生发展的现代教育；“奠基”体现了玉岩教育者的阶段工作定位，即“为每一位学生的成人、成才奠定扎实的基础”。广州市玉岩中学以“博学于文，行己有耻”为校训，形成了“勤”的校风、“求实”的教风和“务本”的学风，培养出一批批“主动发展、自我完善、脑勤手勤、心健体健”的优秀学子。

三、构建基于“引领未来，琢玉成才”的教师发展体系

随着时代的发展，社会对人才的需求发生了极大的变化，尤其是中华民族要实现伟大复兴，更是需要大批优秀的创新型人才。人才培养关键在教师。玉岩中学从2006年建校至2018年的12年间，依照首任校长孟纯初的办学思路“学校工作学生第一，学校发展教师第一”，教师发展处制定了符合玉岩中学第一阶段实际的教师发展体系，为玉岩中学的办学质量稳步提升作出了重要贡献。2018年，《中共中央 国务院关于全面深化新时代教师队伍建设意见》中提出，要培养一支高素质、专业化、创新型教师队伍。鉴于此，玉岩中学印贤文校长提出了新时期玉岩中学的教育理念是“用最优秀的人培养更优秀的人”，以践行“为社会引领者成长奠基”的办学理念。教师发展处根据新时代教育形势和教育需求、玉岩中学新阶段发展需要，并结合玉岩中学成为“中国教育科学研究院拔尖创新人才培养项目试验学校”的实际需求，完善并制定了玉岩中学新阶段的教师发展体系。

1. 教师发展体系构成

（1）教师发展理念

玉岩中学教师发展理念是创新成长。创新成长区别于第一阶段的经验成长。新阶段要突出两个关键词“创新”“成长”。创新是对教师基本品质的要求，鼓励教师敢于创新、勇于创新；成长是教师发展的目的，倡导每一位教师，包括高级教师，都要有成长意识，树立终身学习理念，在学习中反思，在学习中创新，在创新中成长。

（2）教师发展目标

玉岩中学的教师发展目标是让教师成为具有“高水准的专业素养、高标准的职业涵养、高品位的公民修养”的新时期教师。

通过确立三维发展目标，指明了玉岩中学新阶段教师发展方向。一方面，教师要成为一名理论功底深，专业知识强，实践效果好，勤思考、敢创新的研究型、创新型教师。具体来说，教师在教育教学实践中能够敏锐观察、善于发现、敢于质疑、勇于探索，不断创新教学方式，有利于对学生的创新思维能力的培养。同时，教师也要在学习与实践过程中，逐步形成创造性思维，并提升创新能力。另一方面，教师要有高度的职业认同感、正确的职业幸福观和强烈的事业成就感，要有家国情怀、教育情怀，树立起新时期的教师形象。

（3）教师发展策略

玉岩中学教师发展策略是研究、创新、实践。

首先，要引导教师参与理论学习和实践研究。通过研究发现问题、解决问题，使教师成长为有问题意识、质疑精神的学术型教师。

其次，要激发教师的创新意识、创新教学模式、创新学习方法、创新评价标准等，让教师成长为有思想、敢改革的创新型教师。

最后，要倡导行动研究。教师的研究、创新不能脱离实践，不能悬于空中，不能只藏于纸上。提倡基于教育教学实践的行动研究，让研究有助于解决实际问题。

2. 教师发展具体做法

（1）全培计划

创新教育教学方式、培养拔尖创新型人才是一项长期的任务，同时也是全体教师都要关注并参与实践的事情。借助玉岩中学成为“中国教育科学研究院项目试验学校”“广州市拔尖创新人才培养实验学校”的契机，在全体教师中达成一种共识——创新型人才培养需要创新型教师，创新型教师要具备创新型思维与意识，大家都要更新观念，积极参与。

参加人员：全体教师。

开展方式：项目带动，课题引领。

活动时间：2019—2021 年（具体时段分解，要单独制定项目实施方案）。

项目一：基于培养拔尖创新型人才的课堂教学思考与研究

学校层面提出项目“基于培养拔尖创新型人才的课堂教学思考与研究”，作为近阶段教育教学的一个重点研究与实施内容。以此为平台，引领全体教师积极参与，探究创新型人才培养的教学方式、学习方式及评价方式等。

负责部门 1：课程教学处。组织开展与此相关联的“五课活动”——名师示范课、骨干教师研讨课、青年教师比赛课、新教师汇报课及校长室调研课。通过制定课堂评价细目，体现学校总项目的理念与内涵，让项目落地。

负责部门 2：教师发展处。更新《广州市玉岩中学教育教学研究课题指南》，主要加入对总项目分解后的子课题，组织必要的培训，动员教师积极申报。

项目二：依托“岩之玉读书会”开展专项阅读活动

玉岩中学通过阅读活动，营造自主学习的氛围。进一步规范、完善“岩之玉读书会”方案，设计“创新”专项。制定更详细的阅读书目及活动方案，激励教师积极参加。通过阅读给教师一个读书、研讨和交流的平台。

主题1：开阔三大视野，主要针对《文化视野》《经济视野》《时政视野》内容开展阅读学习活动；

主题2：提升创新能力，选定适合的书目，制定详细目录。侧重于系列“创新思维”“创新方法”“创新知识”“创新能力”等方面，组织阅读与思考活动。

负责部门：教师发展处、工会、图书馆。

（2）特培计划

根据玉岩中学在拔尖创新人才培养方面的总体设计及具体需求，特设立三个工作室，以“学习共同体”的方式开展学习、研究活动，以期三年后能培养60名学科基本功扎实、创新思维品质优良的特色教师。

工作室1：引领者成长工作室

构成：1名主持人，18名成员。

方向：“领军班”教师人才库人才储备。

内容：①学科知识；②理论学习：《教学理论》《学习理论》《课程理论》；③创新与思维课程等。

方式：走进名校交流；走进高校学习；工作室研修；教学实践研讨。

工作室 2：科技创新工作室

构成：1 名主持人，6 名成员。

方向：为学校的科技创新团队培训专门人才。

内容：学习科技创新相关知识与技能，开阔视野，提升能力。

方式：实践操作、参访企业等。

工作室 3：创新课程工作室

构成：1 名主持人，15~30 名成员。

目标：具备课程开发与实施能力。

内容：理论学习、“玉岩大讲堂”开讲课程。

方式：研究与实践相结合。

（3）高培计划

高培计划 1：新生力量高端培养计划

2019 年和 2020 年新入职玉岩中学的 14 名教师，学历高，知识新，思维活，加强对这批新生力量的重点培养，特别是在创新品质方面给任务、压担子、促成长。

总体设计：三维培养计划

维度 1：学习共同体——成立“新玉班”，由周志友副校长担任班主任，制定详细、高端的培养计划。

维度 2：青蓝工程——双导师制，给每一位教师配对一名学科导师和一名学术导师，学科导师重在课堂教学，学术导师重在教育研究。

维度 3：自主研修——制定生涯规划，让规划引领个人专业发展。

高培计划 2：学术引领计划

充分发挥玉岩中学的 13 个省市工作室的资源优势，制定《玉岩中学省市工作室学校管理办法》，给予校级经费资助，每一个工作室为玉岩中学培养 2 名以上创新型骨干教师。

高培计划 3：资助成果计划

继续执行玉岩中学的高端培养资助项目，并结合“广州市拔尖创新人才培养项目学校”的师资培养计划，为参加培养计划的教师资助 2 万元专著出版专项经费。

高培计划 4：高端发展计划

继续以课题形式开展教师“四项能力”——领导能力、课程建设与实践能力、基于行动研究的教育科研能力、现代教育技术与资源利用、整合能力的培养工作。

为保障教师队伍的持续发展，学校从制度建设和经费两个方面提供保障，一是研究出台《玉岩中学教师专业发展积分奖励制度》，通过该制度的科学制定和人文关怀，激发广大教师参与研修、自主发展的积极性，为教师的专业成长保驾护航；二是在规范使用经费的前提下，保障学校各项活动的经费按时到位。

教师，树之根须。只有不断地让根须强壮起来，积蓄更多的营养，才能保证树干的成长，营养输送才不会枯竭。而对于教师发展，如果说知识是树之干的话，创新就是树之枝叶，希望这棵树不但长成参天大树，还要枝繁叶茂。只有这样，整个校园才会绿树成荫，春意盎然，呈现一个完美的生态校园。

四、建设基于"引领未来，琢玉成才"的琢玉课程建设体系

广州市玉岩中学历经15年精诚砥砺，硕果累累，已成为黄埔区一张优质的教育名片。培养一大批投身社会主义建设的拔尖创新人才，是我国教育改革发展中的重要任务，也是新时代国家核心竞争力发展的关键。广州市玉岩中学积极响应党和国家的号召，积极探索，大胆实践，致力于培养具有人文底蕴和科学精神、具备实践和创新能力、有家国情怀和责任担当、能引领社会风尚和发展的拔尖创新人才。

1."琢玉课程"的培养目标与体系构成

课程是人才培养的核心载体。为此，玉岩中学在深入梳理已有课程建设的基础上，构建了"琢玉课程"（详见图5-1），提出"厚基础，宽视野，勤实践，勇创新"的培养目标，以身心健康、基础知识扎实为前提，着重培养学生的科学实践能力与创新精神。

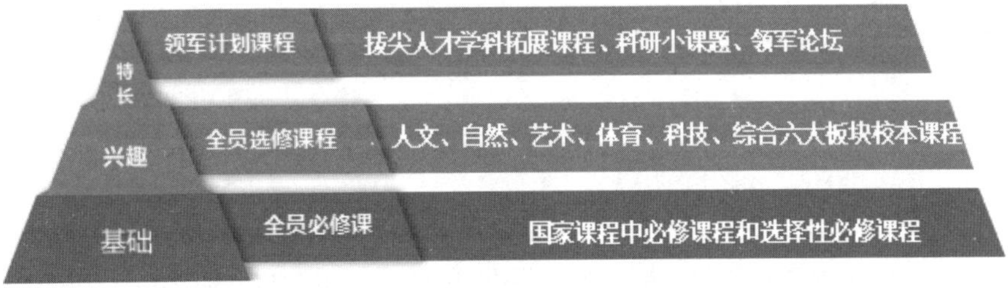

图5-1 "琢玉课程"体系

"琢玉课程"体系由基础类、兴趣类、特长类三个板块构成（详见表5-1），按照面向全体兼顾部分的原则设计了每个版块的具体内容，科学设定课程目标，满足不同类型和层次学生全面而有个性的发展需求。

表 5-1 “琢玉课程”内容构成与具体目标

课程类型		主要内容	课程目标
全员必修课程		①国家课程中必修课程和选择性必修课程 ②德育课程：包括思想政治课、生涯规划课程、学涯规划课程、劳动教育课程、团队建设课程等显性课程和班级文化、宿舍文化、社团文化、年级文化、校园文化等隐性课程	为全体学生打下坚实的学科基础，使他们牢固掌握系统性的学科知识和基本技能，落实学科的核心素养。培养学生以下素养。 ①高境界做人：国家意识、世界视野，公民意识、道德素养，创新意识、多元智慧。 ②高质量学习：崇尚科学、乐于探究，遵循规律、习惯良好，学习高效、成绩优异。 ③高品位生活：人际和谐、身心健康，绿色环保、低碳节能，情趣高雅、热爱生活
全员选修课程	体育选修	面向全体学生，常年开设游泳、足球、篮球、羽毛球、排球、乒乓球、网球、啦啦操等体育选项课，同时面向体育拔尖人才，开设高水平竞技田径、足球和篮球课程	“竞教结合、体德双修”。基础体育与竞技体育相结合，促进全体学生健康发展，促进特长学生专项发展；体育与德育相结合，锻炼学生拼搏精神和吃苦耐劳精神，培养他们的合作精神和集体责任感，养成健康的生活方式
	艺术选修	面向全体学生，常年开设合唱、管乐、弦乐、舞蹈、戏剧欣赏与表演、尤克里里、视唱练耳、竖笛、书法、国画、素描、油画艺、版画、剪纸等艺术选项课，同时面向艺术拔尖人才，开设高水平声乐、舞蹈、器乐课程	培养审美情趣与艺术欣赏能力、表现能力和创造能力，弘扬民族艺术，铸造民族精神，开拓国际视野，陶冶高尚情操，提高学生综合素质
	科技教育	①机器人特色课程群；②人工智能课程群；③科技创新课程群；④科技类讲座	学习与实践科学知识，掌握学科核心概念、跨学科概念和基本的科学方法；养成严谨求实、勇于探索创新的科学态度；形成某个领域的科学兴趣并开展初步的科学实践
	综合实践	落实国家课程的同时，结合校本、生本情况，开设社会实践、人文实践、科研实践、党团活动、职业体验等跨领域、跨学科综合实践课程	发展信息素养和技术素养、探究能力和创造精神；增进社会参与感、培养社会责任感；发展问题解决能力；增强合作意识和沟通能力
	自然科学	包括数学、物理、化学、生物等学科领域或跨学科领域的校本课程，自然科学系列讲座等	理解和掌握自然学科的科学原理和方法，培养问题意识和探索精神，学会用科学的思维方式认识世界、解决问题
	人文素养	包括语文、英语、历史、地理、政治等学科领域或跨学科领域的校本课程、人文系列讲座等	拓展人文知识，培养人文素养，开阔人文视野，能理解和掌握人文思想中所蕴含的认识方法和实践方法等

续表

课程类型	主要内容	课程目标
领军计划课程	①数学、物理、化学、生物、地理等学科拓展课程； ②琢玉领袖课程； ③科研小课题； ④领军论坛	发展特长，提高能力，发展高阶思维，提升创造力和领导力，培养未来的专家型人才和社会领袖

2.“琢玉课程”的实施路径

（1）课程设置原则

第一，国家课程、地方课程、校本课程一体化原则。“琢玉课程”是对国家课程的补充和拓展。同时，学校根据“琢玉课程”实验班生源基础、培养目标及学校师资能力，对国家课程做校本化整合，以高效率完成国家课程，为“琢玉学子”量身定制最适宜的课程方案。

第二，递进发展原则。每个课程系列设置三年一贯的递进式发展目标，以及与目标对应的课程模块。

第三，分组培养原则。高一年级强调必修和基础，从高二年级开始根据学生的兴趣和特长，开设多系列的选修课程，并以项目式学习的方式，进行分组培养。

第四，资源整合的原则。学生每学期的研究性学习课题要从其选修的校本课程中产生，由开设该课程的老师负责指导。

第五，特色突出原则。充分利用学校所处科学城的区域特色，深度挖掘科技、科研的区域优势，以课题研究为导向进行培养，培养创新人才及未来的科学家。

（2）课程建设组织构架

学校课程领导小组

组长：陈克

组员：赵勇、翁晓燕、王秋川、刘正峰、李舜、李剑寒、廖忠良、邱蓝青

学科建设领导小组

组长：陈克

组员：赵勇、翁晓燕、王秋川、马建华、郑游、邓四元、赵丰雪、郝颖、黄子珊、罗涛、胡晓敏、杨美玲、张海平、杨万全、解波、叶治平、谢彩虹、朱艳君、曾婕、赵芳、付隐文、唐小三

（3）课程实施方式

方式1：做精学科拓展课程，建设琢玉精品课程

每一个学科构建以国家课程为基础，校本课程为补充的学科课程群，促进学科内整合。重点将国家课程校本化，拓展课程精品化。所有学科在国家课程统一标准、国家教材统一使用的基础上，积极整合多版本教材的优势，编制校本配套学习手册和研读材料，打破以往只使用一本教材而无法兼顾其他版本教材优势的局限，改变以往按统一教材设定教学内容与进度的课程实施方式。并且根据学生的兴趣需求、教师的研究方向等因素实时调整开设课程的主题，以最近开设的学科拓展课程为例（详见图5-2）。

方式2：做活校本选修课程，建设琢玉特色课程

校本选修课程是促进学生个性发展、形成学校特色教育的重要载体。学校已逐渐形成人文素养、自然科学、体育健康、艺术素养、科技教育和综合实践等六大板块的选修课程群。这些课程的教师根据自己所长开

课，学生根据自己的需求选课，以学生为中心的选课和授课最大程度上尊重了学生的兴趣，也促进了教师的专业发展。以下为 2020 学年第一学期开设的校本选修课（详见图 5-3）。

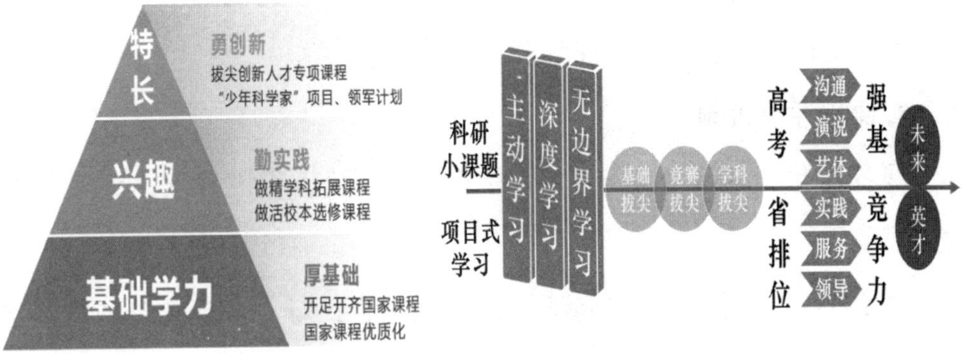

图 5-2　学科拓展课程

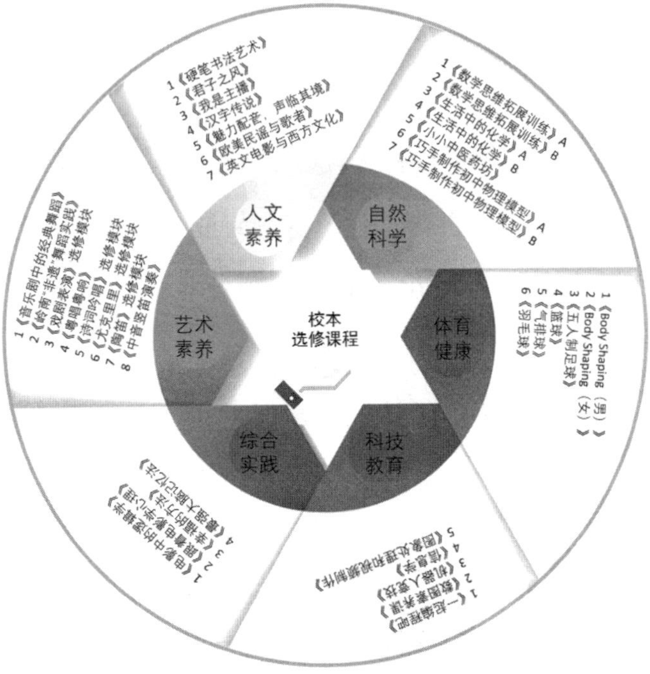

图 5-3　2020 年第一学期校本选修课

方式 3：做好学生品牌活动，建设体验式学习课程

玉岩中学的学生品牌活动包括：家校恳谈、体育节、艺术节、科技节、读书节、宿舍文化节、研学交流、十八岁成人礼、学农活动、社团嘉年华、35 公里毅行等，这些活动给学生成长和交流提供了很好的平台，是琢玉课程宝贵的隐形课程群。

3. 课程评价机制

课程评价机制采用基于过程的发展性评价，积极探索多元化评价方式。

方式 1：过程性评价和终结性评价相结合；行为表现评价与文字测试评价相结合；注重以研究论文、研究报告、社会调查报告、实验报告、科考报告、科技创新作品、艺术设计作品等多种在学生学习过程中产生的作品为评价对象。

方式 2：关注学生德智体美劳等方面的协调发展；注重测评学生灵活运用知识的能力，分析问题、解决问题能力，创造性思维，掌握科学研究方法，沟通、合作、表达、组织、领导能力等多方面素质的发展。

方式 3：评价主体多元化，采用教师评价、团队评价、学生互评、学生自评等多种形式。

方式 4：注重发挥评价的诊断与激励功能，关注学生在学习过程中的态度和进步，使评价成为促进学生发展的工具。

五、基于“引领未来，琢玉成才”的育人成效

1.“琢玉课程”课程体系得到广泛认可

玉岩中学的优秀教师团队和管理团队践行“为社会引领者成长奠基”

的办学理念，在课程开发与实施上潜心钻研。15 年来，秉承“国家课程优质化，校本课程精品化”原则，玉岩中学形成了“基础课程+琢玉特色课程+拔尖创新人才专项课程”的立体课程体系。玉岩中学牢牢抓住“基础、兴趣、特长”三个核心词，在多个领域开设校本选修课程，丰富学生的选择，满足学生的个性需要，培养学生高质量学习、高品位生活和高境界做人，支持和促进不同类型、不同层次学生的全面发展、个性发展和卓越发展。优先发展“阅读、艺术、科技、体育、志愿服务”五大发展领域。目前，引领者课程中的“琢玉大讲堂、拔尖创新课程和综合实践课程”得到学生和家长的充分肯定：学校邀请各行业专家学者，就“文学、科学、哲学、艺术、生活、人生”等各种选题，在“琢玉大讲堂”与学生分享交流；学校已与中国能源所、中科院生物研究院和清华珠三角研究院建立了合作，形成了“校企合作、院校（研究院所）合作、双高（高校、高中）合作、国际合作”四种拔尖创新人才培养的模式。琢玉特色课程的构建，促成了六年一贯拔尖创新人才培养的系统化思考，获得家长、专家、社会等广泛认可。“琢玉课程”的师生参与度广，家长关注度和评价高，玉岩中学四种拔尖创新人才培养的模式得到中国教科院专家的充分肯定。

2. 学生发展迈上新台阶

玉岩中学建校 16 年来，高考加工力不断增强，得到了社会和同行的认可。高优率在不断提升，稳居黄埔第一：自 2009 年第一届高中生毕业，11 年来，玉岩的高优率在不断提升，稳居黄埔第一，黄埔 985 院校录取生中有七成是玉岩中学学生，琢玉班多年保持 100%的高优率，重点班的高优率也接近 80%。三年中，印贤文校长带领玉岩中学奋起直追，在生源相当的情况下，玉岩中学高优率每年递增 5%，远超广州市 2%的增长值。今年是广东省新高考元年，玉岩中学本届高三课程设置满足了所有学生的选课意愿，开齐了 12 种选科组合。在八省适应性测试、高三广州市“一测”和广州市“二测”中，玉岩中学的高优率均值远超去年同期，预计高优率将超过 50%。这意味着，当年中考最低录取线进入玉岩高中的学生，有一半以上的学生能进入重点大学，98%以上的学生能读本科。

玉岩中学在顶尖学生的培养上硕果累累。2010 年，玉岩中学第二届毕业生廖诗画以广东省高考文科第五名的优异成绩被北京大学录取。在这样优秀学姐的榜样激励引领下，玉岩学子实现了“成群结对上清北”“多元发展、走进双一流”和“差异发展、体艺并进”的目标。同时，玉岩学子的持续性发展突出。历届高中毕业生中，有香港理工博士后、华南理工大学博士、新加坡国立大学硕士、中山大学博士，还有哈佛的硕士、清华大学硕士。华南理工大学今年头条宣传的“科研学霸、竞赛达人、志愿之星”钟文烨就是该校 2017 届高三毕业生。

3. 学校三大育人特色进一步凸显

广州市玉岩中学办学 15 年，形成了科技教育、体艺教育、民族教育等三大办学特色，展现了黄埔区龙头学校的示范性与特色性。

第一，科技教育特色。科技发展，既是时代的需要，更是现阶段国家发展的需要。玉岩中学地处黄埔区最中心的区域，北有知识城，南有科学城，有丰富的科技教育课程资源。如 2021 年的科技节，玉岩中学既承办了“广州市青少年机器人大赛”，也邀请中国科学院的“格致论道”讲坛首入中学校园“开讲”，还联动如明珞这样优秀的高新企业与该校学科组共同为学生举行盛大的科技嘉年华活动，使该校师生大开眼界，主流媒体争相报道。该校借助区域优势拓宽科技教育课程，为培养未来社会的创新人才奠定基础。

第二，体艺教育特色。体育是健康之本、生命之源，音乐与美术能培养人独特的审美品位与情趣。玉岩中学既有能迈向世界赛事的竞技体育训练队（仅 2020 年一年间，玉岩田径队、足球队、篮球队、羽毛球队和网球队共获得国家级奖项 22 项，省级奖项 30 余项，市级奖项 50 余项），也有丰富的体育、音乐和美术选项课程，还有多彩的体育文化节、美育节活动和相应的特长社团活动。再如，学校的机器人学生组代表队在各种竞赛多次获世界级和国家级金奖，省、市、区级奖项琳琅满目；无线电测向、航模比赛成绩优异，高标准的 VR 实验室已经落成，与大疆公司合作的无人机实验基地正在申建中，学生团队获“广东省青少年科技教育创新团队”等称号。让学生在各种艺术表演的学习中感受与表现美，让学生在美术课中成为一个有作品的人，让学生通过体育活动增强体质、健美体形、减少焦虑、提高意志力和凝聚力，体艺特色使玉岩人的高中生活灿烂明朗。

第三，民族教育特色。广州市共有六所高中承办新疆班，比如广雅中学、执信中学。玉岩新疆班高考成绩在六校中常年稳居前茅，多名学生进入浙江大学、上海交通大学、西安交通大学、南京大学、哈尔滨工业大学、中山大学等 985、“双一流”学校。玉岩中学新疆班在全国内高班率先开展了“混班教学”“混合住宿”和“混合用餐”工作，同时也积极推动本地学生、家庭与新疆生结对子活动，很好地促进了本地生和新疆生的交往、交流、交融。民族团结教育形式的玉岩式创新，有效地增进了玉岩高中生对中华民族多元文化的认同，筑牢他们的中华民族共同体意识。

玉岩教育集团是黄埔区目前类型最全、层次最丰富、成员学校数量最多的一所现代教育集团，品牌影响力不断增强。在玉岩教育理念和实践的引领下，玉岩天健、玉岩实验、玉泉学校、华峰中学、广东省教育研究院黄埔实验学校这五所成员校，与玉岩核心校共建、共享、共同发展。为扩大优质教育资源、教化服务一方、打造东部教育高地，玉岩教育集团体现了大校的使命和责任担当。2021 年，玉岩教育集团与广州（清远）产业园合作，在产业园内建设了一所公立九年一贯制的清远玉岩实验学校。未来，玉岩教育集团将继续输出文化品牌、扩大办学格局。

“引领未来，琢玉成才。”玉岩中学将与时俱进，继续挖掘符合时代发展的育人新内涵、新策略，培育更多的优秀教师和优质课程；充分借助成为“中国教育科学研究院项目试验学校”“广州市拔尖创新人才培养实验学校”的契机，继续在更多平台上与教育专家牵手，提升拔尖创新人才培养水平，打造玉岩卓越品牌，培养创造未来的接班人。

第二节　山东东阿县第一中学：四生育人体系构建

一、学校简介

山东东阿县第一中学（简称东阿一中）始建于1950年9月，是全日制市级重点高中，山东省规范化中学，坐落于素有“阿胶之乡”美誉的东阿县县城。现有教职工310余人，教学班56个，在校生2 800余人。学校先后获得“省级范化学校”“省精神文明学校”“全国国防教育特色学校”“省级绿色学校”“省招飞工作先进单位”“全国优秀网校单位”“市教书育人先进单位”“市高中合办学水平评估优秀学校”“高考优胜单位”“中国生物工程学会科普教育基地”等荣誉称号。

2019年以来，学校坚持以“人民对美好生活的向往，就是党的奋斗目标”为指导，植根学校七十年文化沃土，在传承中发展创新，重构核心办学思想体系，唱响“美好一中”品牌，探索新形势下立德树人的机制建设与实践研究，吹响育人模式变革的冲锋号。2021年学校迁入新校址，新校区占地面积约 1.2×10^5 m^2，建筑面积约 6.9×10^4 m^2，可容纳72个教学班、3 600名学生入驻。新校区以“一轴穿一心，一环绕多点”为布局，三季花开，四季常绿，恰是一副园林校园的模样。同时，新校园配有智慧式科技馆、开放式体育馆、智能化餐厅、公寓式宿舍等，大大增强了学校的现代化气息，为莘莘学子实现梦想、为美好一中再创辉煌保驾护航。

七十载风雨兼程，文脉悠长，桃李竞秀。东阿一中的百余名学子获得博士学位，许多毕业生在各自岗位上为社会、为国家作出了突出贡献。

二、学校理念体系

2019年7月，东阿一中新一届领导班子上任后，紧跟时代步伐，在传承中创新，提出构建“美好一中”品牌的奋斗目标，并围绕这个目标确立了新的办学思想体系。

①理念：以人为本，共享美好。

②愿景：一座群星闪耀的教育殿堂，一幅和谐美好的教育山水画。

③校训：格局影响未来，选择决定人生。

④校风：团结、紧张、严肃、活泼。

⑤特色：四生育人体系，构筑美好人生。

⑥战略：党建领校、文化兴校、科研强校、依法治校。

三、育人模式整体建构的基本思路

“为谁培养人、培养什么人、怎样培养人”是教育的根本性问题，立德树人是党对教育根本问题的时代性回答。围绕立德树人的根本任务来探索育人方式改革与创新，对育人方式进行改革是当前和今后普通高中发展必须面对的课题。如何积极回应现实关切，改进育人理念与策略，成为普通新课程改革推进中亟待解决的问题。为此，东阿一中进行了有益的探索。2019年，东阿一中谋划推进“四生育人”全面改革，探索“四生育人体系，构筑美好人生”高中教育育人新模式。

“四生育人”是落实立德树人根本任务、推动学校“美好教育”品牌建设、让“以人为本，共享美好”理念落地的保障。“四生育人”改革的出发点是尊重个体生命，尊重生命成长规律，遵循教学规律。主要有以下四个要素。

一是“共敬生命，生命激扬”。尊重每一个成长生命个体，热爱生命，热爱生活，让生命状态激扬，充满活力，充满热情。传统教学模式过分强调书本知识的传授和学习，忽视引导学生通过实践活动、独立探索去积累经验、获取知识的过程，违背了教学过程的发展性规律。用生命激扬生命，用灵魂唤醒灵魂，教育只有做到这个层面，才能说是真正的教育。教育之道，就是人性之道。教育的过程，就是敬畏、发现、探索人性的过程。每个人都是高贵的“生命”，值得教育者尊敬。

二是“共享生活，生活再造”。就是把学习当作生活，师生共同建设有活力、美好的生活学习环境，共享学习成长的快乐。陶行知先生说“生活即教育”，主张教育同实际生活相联系，反对死读书，注重培养学生的创造性和独立工作能力。学校不应该把学生当作笼中鸟，而是应该把学生解放出来，让他们成为适应生活和融入公众的有用的人。学校生活应该与学生自己的生活相适应，满足学生的兴趣和需求，让校园成为学生的乐园，让学生在真实的学校生活中感受到乐趣，见证成长。

三是“共创生动，生动表达”。生活是丰富多彩的，生命个体应该有生动的表现，用多种生动的方式展示生命的精彩。在宽阅读、深思考的前提下善表达，就要重视培养学生的实践、操作和展示能力。教师是教学过程的导演而不是演员，学生才应该是学习的主人和主角。鼓励、支持、引导学生敢表达、爱表达、善表达、勤表达，学校应该创设各种平台给学生表达提供机会。教师要从滔滔不绝、口若悬河的演讲者转变为虚怀若谷、洗耳恭听的倾听者。要以教师为主导，切实发挥学生的主体作用，做到教学互动，共创生动。

四是“共同生长，生长自然”。这是共生革命所追求的目标，学生、教师、家长共同成长进步，尊重生命成长规律、道法自然，师生共同体验学习生活的美好，享受成长的幸福。好的教育应该是师生之间彼此成就，共同成长。教师与学生的相遇本是一场修行，两个不完美的群体以未来为导向，开启了彼此成就、共同成长的历程，谱写出用青春点燃青春、用心灵陪伴心灵的美妙诗篇。新时代，在教育这个广阔的平台上，教师与学生都是成长者；在追梦路上，教师与学生都是追梦人，一起向上，共同生长。

“四生育人体系”具体实施内容包含四个部分，它不是学校某个方面的变革，而是高中育人模式的全方位的变革。一是“四生管理”，立足于“自治、民主、参与”，培养学生的基本素养，做一个堂堂正正的中国人。二是“四生课堂”，立足于“自主、合作、探究”，打造“身心安全、尊重欣赏、自信愉悦、素养提升”的特色课堂。三是“四生课程”，以“国家课程，地方课程”为基础，构建一中特色的校本课程体系。目前，学校设立的“美好课程，开启美好人生”特色思政课、“美好大家坛，你我共发展”特色教师成长课、“健康时光 90 分”师生艺体课程已渐成体系，初见成效。四是“四生文化”，以“以人为本，共享美好”为核心，构建“美好”育人学校大环境，促进学生素质全面提升。

四、育人模式具体实践

三年来，东阿一中立足学校实际，在探索中前行，在前行中改进，同时做了一系列扎实的工作，也取得了一些成效。主要在“四生课堂”“四生课程”两方面有了突破。

1. 构建了“双星四生课堂”

“双星四生课堂”的四生课堂是核心，是着力点，是“四生育人”的突破口，学校做了大量工作，进行了深入研究探索。

2019 年 10 月 28 日，思维导图重构课堂专家杨艳君老师到学校访问，带来了“三图六构”的思维导图重构课堂模式，学校选出 9 个学科 23 位老师作为种子选手进行培训，随后启动了“四生课堂”探索工作。

学校以“课例研讨”为抓手，采用“专家培训——集体备课——上课实践——总结提炼”的研究流程，遵循“课前把流程弄清楚、研透彻，课中把流程走完整、找问题，课后集体总结研问题，求完善”的研讨原则。同时进行多轮次课例研讨活动，编辑了课例集，集大家智慧，确立了学校自己的课堂模式，把它命名为“双星四生课堂”，提炼归纳了“12345”（一核、二问、三图、四让、五环）课堂教学原则，让所有老师先入模再出模，最后形成特色。

一核（共同生长）：共享成长之美。学习即成长，教学相长既是理念，更应是行动，成长的不仅有学生，还有老师。在课堂这个生命场中，师生应共同享受成长的美好。

二问（课堂效果）：一问“四生”，即本节课是否做到了共敬生命，有没有课程生活再造，有没有进行生动表达，是否达到共同生长。一堂课不仅学生有收获，教师也有提高。二问校风，即本节课是否做到了团结、紧张、严肃、活泼（校风）。

三图（思维工具）：让学生看得见“思维”，建构起自己的学习网络，通过灵活运用感知图（学生课前预习自己画出学习思维导图，是对已有知识的回顾，对新知识学习的热身）、精细图（课堂合作学习，解决问题，完善感知图，建构起自己的知识能力体系）、凝练图（知识点概要，核心素养所在，深度学习有体现）去“创造自己的太阳”。

四让（过程要求）：一让预习成为课堂的起点，预习后带着问题上课，弄清楚学习新知的起点；二让思维成为课堂的旋律，有思维的碰撞，让学生的大脑都动起来；三让对话成为课堂的常态，有对话才有思维碰撞，清晰表达既整理了自己的思维，又帮助了别人，达到共同成长之效；四让“四生”成为课堂的追求。

五环（课堂流程）：具体内容如下。

①目标量规呈现（师）主体是教师。学科组研究课程标准、高考试题、国家政策、学生实际等，制定每节课的具体目标和评价量规。

②自主知识构建（生）主体是学生。学生根据教师出示的目标和量规自主预习，并做好自我评价。课堂上强调个人劳动量，因为只有先自学才有接下来对话的资本。

③合作释疑解难（生生）主体是学生，采用“组内异质，组间同质”，科学建立学习型组织，教师力争营造平等宽松、心理自由安全的课堂教学环境，把教室变为以信任为基础，毫无恐惧、舒适温馨的“家”。

④精讲点拨提炼（师）主体是教师。此时是“思维碰撞期”，老师的

评价至关重要，这也是最能反映教师智慧的环节，教师要引导学生找出规律，真正让学生知其所以然，给学生以“捕鱼”的方法。

⑤小结反思拓展（师生）。课堂的最后一定是小结，形成小的知识网络，画出凝练图，便于学生理解和记忆。拓展是课堂结尾最闪光的部分，好的拓展能让学生在思维上得以开拓与创新，在情感上得以引导和熏陶，在个性上得以展现和释放，但注意决不能弱化文本，盲目拓展。

“12345”课堂教学原则是“双星共生课堂”的基本教学原则，教师应做到“四生”：了解学生、尊重学生、依靠学生、发展学生；力争让学生做到“四会”：会想、会做、会讲、会编。但具体到学科应根据学科特点灵活驾驭，不能被模式所束缚。

2.“四生课程”建设与实施

“四生课程”建设是育人模式改革的重要支撑，他们选取“思政课建设”这个立德树人的关键点，开设“美好课程”，开启学生成长的美好生活。课程是学校校训“格局影响未来，选择决定人生”落地的一个重要方面，也是学校“四生”育人体系改革的一个重要抓手。学校期望通过开设本课程，推进学生实现生命激扬、生活再造、生动表达、生长自然，让学生的生命在生活中生动地生长，以切实提升学校的育人质量，把孩子们培养成德智体美劳全面发展的时代新人。

（1）课程内容

四生课程的内容密切联系学生的成长，主要包括四个篇章：人生励志和规划篇、中华优秀文化篇、良好习惯（生活、纪律、学习、考试）篇、心理健康篇。

①人生励志和规划篇。如韩峰校长讲的《美好人生三脚架》《美好一中人的样子》，校长助理张敬伟讲的《只要我想要，我就会做到》，孟艳霞老师讲的《遇见未来美好的自己》，学生杨镇州讲的《梦想与拼搏》，张福斌主任讲的《明确政策变化，圆梦一流名校》，孙魁教授讲的《弘扬伟大抗疫精神，立足本职报效祖国》。

②中华优秀文化篇。如韩峰校长讲的《一艘小船驶出一个大党》，校党委委员郝利峰讲的《胜迹寻踪——悠久灿烂的东阿文化》，校长助理杨存玉讲的《人间孔子》，张文学老师讲的《点亮人生》，学生家长张冬云女士讲的《感恩母亲和母校》，孙魁教授讲的《母爱伴我行之孝行天下》。

③良好习惯（生活、纪律、学习、考试）篇。如吴福木老师讲的《遨游语文之海》《诗人毛泽东》，抗疫学生居家学习期间的七期有关学习的线上"美好课程"，各级部主任、政教员、教务员和老师讲的"将规范铸炼成习惯之纪律、学习、考试篇"课程。

④心理健康篇。如心理学老师郭纯平讲的《建设阳光心态，遇见美好自己》《胸怀未来，立足当下》《我是考试大赢家》。

（2）课程实施

本课程在实施上最具特色。以级部为单位组织上课，固定时间、地点（学校的美好大讲堂）、级部。全校高一、高二、高三共三个年级，每个年级两个级部。每周的星期二到星期日的下午第四节，从高一一部到高三二部，每个级部的学生每周一起上一节"美好课程"。这样安排有助于充分利用优秀的教育资源，让学生都受到良好的教育。

课程的职责分工：①校长韩峰负责指导、设计；②校长助理张敬伟负责策划、安排、通知；③年级主任负责具体安排本级部课程；④年级教务员负责主持、主席台安排，准备电脑、课件、话筒、拍照，做好课前和课后的视频播放、设备和讲堂开关，组织“美好心得”的宣传；⑤年级政教员负责组织学生有序参会和离场，做好会场座次安排、纪律维持、卫生打扫。

课程资源有如下三部分：①校内资源是学校老师和学生开设的课程；②家长资源是学生家长开设的课程；③社会资源是学校毕业校友和外请专家开设的课程。学校充分利用了学校所能获得的所有优秀资源，实现“三方育人”。

（3）课程评价

①学生评价：每节课后，学生都要完成一篇“美好心得”，谈课后收获和感想。每班选出 10 份心得在班级宣传栏张贴，每班精选 2 份心得以级部为单位交给学校存档。心得被选的学生在其成长档案加分鼓励，特别优秀的心得在校报《美在一中》上发表和向外投稿。

②教师评价：参与讲课的教师和职工，考核赋分记入“美好教师成长档案”。

五、成效与问题

东阿一中的“四生育人体系”正处于初创阶段，理念体系还需完善。在初步实施的课堂、课程建设方面，已经取得了一定成效。

课堂模式的初步确立，课堂规范的制定，让“共生课堂”在学校的推广有了坚实的基础，“课堂”是师生共同享受的舞台。作为“引领者”的教师把“问题”抛给学生，学生们两人一伙、四人一组，对“问题”

进行认真的讨论，解析作答，争相上台展示。知识在不知不觉间内化于心，能力于无影无形中外化于行，学生的综合素养大为提高，教师的教学能力和职业幸福感也大大提升，实现了师生和谐共振、共同幸福成长。“美好课程”挖掘、整合了学校、家长和社会三方的优秀资源，满足了学生多方位的成长需求，全面提升了学生的综合素养。

2020 年 9 月《山东教育》以《美好教育从“共生课堂”开始》为题报道了学校的共生课堂改革。2021 年 5 月 10 日《中国教育报》以《党建引领促教育“四生育人”享美好》为题报道了东阿一中“四生育人体系”改革研究。

在推动育人模式变革的过程中，也曾遭到来自学生、家长，甚至是老师的质疑和抵触，几十年的传统教育模式根深蒂固，短时间内不会立即退出历史舞台，还会阻挠新生事物的发展壮大，这也是任何新事物成长必然要经历的过程，这是发展过程中出现的问题，也必将用发展的办法予以解决。随着“美好教育”逐步走深走实，“四生育人”越来越得到家长、学生和老师的认可和接受，因为时代在发展、社会在进步，要让育人模式符合社会发展规律、符合学生成长规律，助力培养堪当民族复兴大任的时代新人。

第三节　广州南沙一中：整体构建海洋特色课程

一、学校简介

广州市南沙第一中学（简称南沙一中）于2010年底由原广州市南沙中学与原广州市南沙第二中学合并成立，于2013年被评为广东省国家级示范性普通高中。目前，学校共有初高中两部，共有教学班77个，学生3 400人，教职工307人。2021年1月，南沙第一中学教育集团正式挂牌成立，实现集团化办学，南沙第一中学为核心学校。学校所在地——南沙区位于珠三角地理几何中心，是“一带一路”倡议的海上丝绸之路起点，具有独特的海洋特色，具有包容、开放和进取的文化精神。基于区域特色和学校历史传承，学校以“海洋文化”为核心，通过课程建设形成学校有海洋特色的物态文化、制度文化、行为文化和心态文化，提出了“海纳百川、自强不息”的精神，坚持以“博采、融汇、厚积、创新”的办学理念，落实“润心、明理、正德、至善”的德育理念，以办适合学生多元发展的现代化学校为办学目标，培养宽厚、广博、创新、敢为的现代公民。发展至今，南沙第一中学已成为中国教育科学研究院拔尖创新人才培养项目实验学校、广东省教育信息化中心学校、广州市智慧校园实验校、广州市书香校园、广州市中小学心理健康教育特色学校、广州市绿色学校。

二、学校理念体系

高中教育是连接义务教育和高等教育的纽带，高中育人方式转变的关键在于学校的课程改革。作为南沙区内唯一的国家级示范性完全中学，广州市南沙第一中学必须寻求转型，而转型的关键在于课程变革，因为课程是学校办学理念和育人目标的载体，学校顶层设计的思想都必须通过课程才能与教师和学生发生关联。

1. 深刻理解新课改背景，确立学校核心文化

2001 年，我国启动新一轮课程改革。2003 年，教育部颁布了《普通高中课程方案和课程标准（实验稿）》，2017 年进行了重大修订，进一步细化了核心素养，提出普通高中不只是为学生升大学做准备，还要为适应社会生活和职业发展做准备，为学生终身发展奠定基础。2021 年，教育部公布了《中国高考评价体系》，明确了“一核四层四翼”和培养全面发展的育人理念。

然而，随着新高考、新教材和走班制的实施，高中育人方式面临一系列挑战。一是育人价值取向功利化倾向严重。在高考这样的高利害性考试的驱动下，不少家长和师生开设校本课程的意愿并不强，也缺乏对学校核心价值观的认同感。二是教师的校本课程开发能力不足。很多教师没有接受过专业的课程开发训练，课程研究和开发的能力非常欠缺，表现为课程体系松散化、课程目标模糊化和教学内容浅显化。三是课程管理与评价体系不健全。选修与必修课程的学时和课程安排难以兼顾学生高考应试能力与综合素质的全面发展，难以和“全员、全程、全方位”立德树人的育人目标相匹配。

面对挑战，南沙一中基于区域特色与历史，以“海洋文化”为核心，确立了“博采、融汇、厚积、创新”办学理念和“宽厚、广博、创新、敢为现代公民”育人目标，以促进学生健全人格为核心，科学规划、发挥优势、稳妥推进校本课程建设。

2. 深度整合各类课程，促进学校课程特色化

在坚持继承和创新相结合、整体构建与分步实施相结合、普遍性和特色性相结合以及理论与实践相结合等原则基础上，学校大力提倡课程的包容性和选择性，对高中课程建设进行了深入思考与探索。

首先，学校对国家、地方和学校课程进行深度整合。基于学生学习基础、学习能力、学习方式和课程难度等的不同，学校探索理科分层，文科分类和其他综合以及走班制教学等改革，提出了“海魂育新”的课程理念。

学校构建了以一种文化、两条主线于一体的课程体系，提倡崇真博艺，育新敢为，促进校本课程特色化。一种文化就是以海洋文化作为主轴，传承学校办学历史，将其渗透在学校发展的每一环节；两条主线是指课程需促进教师和学生协同发展，不可偏废，从而达成育人目标。

为了深化办学特色，育新课程强化了海洋文化和科技创新特色。课程分为认识海洋、悦纳海洋和拥抱海洋三个部分，呈现递进关系（详见图 5-4）。认识海洋旨在以包容心态传承海洋文化，掌握海洋知识；悦纳海洋是以开放的姿态去接受海洋温柔敦厚之美、刚毅敢为之美和吐故纳新之美，形成海洋意识和爱国情怀；拥抱海洋旨在理解海洋与人类生存的关系，以进取精神参与海洋保护。

课程分为普修和专修两种模式，分别面向全体学生与育新班学生。学校对高考选择性科目进行水平分层，非高考科目以学生兴趣为中心，实行模块化教学。社团活动则侧重体验和探究等能力，根据学生个性需要，开展了基本知识类、文化主题类、技能延伸类、综合实践类和研究探索类等5大类别40多个社团活动，在各类课程之间建立了跨学科联系。通过课程整合，满足了学生的共同爱好，保证了差异化发展需要，让老师找到了校本课程开发的方向，让不同层次的学生找到了自己的天地。

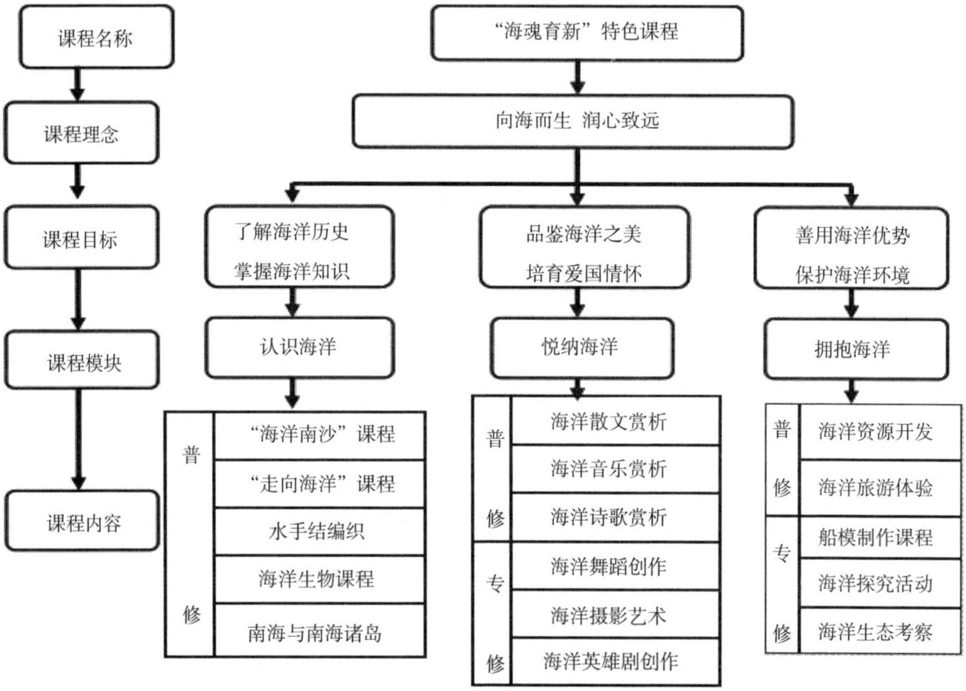

图 5-4 “海魂育新”特色课程设置

三、学校育人模式整体建构的基本思路及实践路径

学校育人模式的整体构建关键在于深度改革学校课程，学校的基本

思路是：首先，厘清新课改与育人模式的关系，让新育人理念深入人心；其次，传承学校优良历史，通过守正创新，重塑学校核心文化；最后，立足实际，整合各类课程资源，整体构建学校课程体系，在课程建设中提升学校的整体育人水平。

1. 深刻理解新课改内涵，转变育人方式观念

我国课程改革历程大致可划分为三个阶段：一是基于双基教育阶段。学校局限于课程的增减，开始关注学生个性发展；二是基于三维目标阶段。课程更具注重师生的情感体验和人文素养，开始对学科课程进行整合与优化；三是基于核心素养阶段。学校开始基于核心素养顶层设计校本课程，有机融合了三级课程，形成了具有学校特色的立体课程体系。

随着我国教育目标的变化，高中育人方式也随之变化，需要大力加强课程建设。然而，高中课程管理面临以下一系列挑战。

①课程参与主体更加多元。不仅有国家基础课程，还有提升课程，也有校本课程和综合性课程，参与者不仅有上级教育管理部门和课程专家，还有校长、教师、学生、家长和社区人士，学校将由被动课程执行者变为主动课程管理者，教师也从课程被动参与者变成课程开发者与阐释者，需要重新定位课程文化。

②课程过程监管难度更大。三级课程管理更强调课程的选择性、包容性和深刻性，而高中自主选科导致每一届学生都是动态而不同的群体，对管理能力提出更高要求，需要学校建立立体课程体系，最大限度地发挥学生的学科潜质。

③课程管理方式更加多样。学校课程管理权的扩大为打破单一管理

方式提供了条件，需要学校进行权力再分配，调动校本课程管理的积极性。

因此，课程管理者需要转变育人方式观念，基于核心素养构建立体课程体系，提升教师课程领导力，引导学生更好地发现自我、认识自我和思考未来，积极落实学生全面而有个性发展的目标。

2. 传承学校优良历史，重塑学校核心文化

转变育人方式是新课程改革基本要求，挖掘自身优良传统与优势，重塑学校核心文化是第一要务。

学校以教育国际化为契机，多次邀请专家亲临学校指导，征集全体师生、家长与社会人士的建议，对学校的发展方向进行反复论证。研究发现，南沙区各项基础都比较薄弱，曾被戏称为广州市的“西伯利亚”，但自身优势明显，它地处珠三角地理几何中心，是“一带一路”倡议的海上丝绸之路起点，具有独特的海洋特色和文化精神。

首先，海洋孕育万物，是新生命的摇篮。庄子在《秋水》中谈海：“万川归之，不知何时止而不盈；尾闾泄之，不知何时已而不虚。”滴水之力，看似柔弱，却能汇聚成洋，包罗万象，是谓“海纳百川，有容乃大”，海洋具有无穷的包容性。

其次，海洋是走向国际、通向未来的桥梁。南沙区海岸线长，资源丰富，拥有世界最大集装箱港区和华南地区最大的造船基地，国际交流往来频繁，具有博采众长、融会中西的开放性。

再次，海洋变幻无常，是凶险难测的场域。南沙原居民常居海边，被称为“疍民”，面对变幻莫测的大海却从未退缩，具有开拓性和进取性。南沙一中是广州市距离南沙港最近的高中学校，具有地域优势，包容、开放、坚韧和进取是南沙人的地域性格，将“海洋文化”作为南沙一中未来发展的主旋律，不仅体现出南沙的地域特色，也颇具国际视野。

海洋文化的具象是海洋，包容、开放和进取的品质是它的灵魂，这些品质与学校特质相吻合，应成为师生共同的价值追求。包容是指海纳百川的胸襟和气度，也指博采众长、兼容并蓄的思维方式和精神境界；开放不仅包含尊重差异、文化开放的内容，更蕴含着创新思维、吐故纳新的精神状态；进取是一种自强不息、顽强拼搏和追求卓越的优秀品质。

南沙一中由南沙中学和南沙二中合并而成，学生生源层次差距大，师资和硬件设施都比较薄弱。前者以“厚德、博学、创新、报国”为校训，体现了厚德和创新精神；后者建有弘真、弘善、弘美、博智与博慧等楼，崇尚真、善、美的精神，提倡“红棉文化”与“荷文化”，红棉寓意“坚韧、敢为”精神，荷叶“上催芙蓉赤，下助玉藕白”，荷花“碧水潭泮默默香”，寓意“宽厚、包容”品格。

基于区域特色和学校历史传承，通过提炼“海洋文化”精髓，学校确立了“博采、融汇、厚积、创新”办学理念和“宽厚、广博、创新、敢为”的育人目标。

3. 树立课程主体意识，深化以生为本理念

课程规划是学校教育哲学的体现。校长是学校课程的第一责任人，只有校长正确认识课程建设的重要意义，才能引领师生达成课程价值的共识，校长要提升课程价值理解力、课程体系的整合能力和课程文化的构建力。

课程管理是教育创新的过程，每个课程相关者都是课程管理者。学校始终坚持发挥课程专家、校长、教师、学生、家长和社会人士不同的作用，引导教师主动转变观念，将课程管理与终身专业发展联系起来，完成知识培训向课程领导力的转化，实现从施教者到指导者，从教书匠到研究员的转变①。

做好课程规划，需要“以生为本”。换一句话说，就是要落实立德树人根本任务，贯彻学思结合、知行统一、因材施教的要求②。根据高中生独特的认知经验、情感特点，学校对各个年级课程类别、顺序、教学时长等进行整合优化，采用分层、分类和分阶段方式设计。同时，筛选对他们未来发展有价值的文化，强化学生个人修养、家国情怀、社会品质、合作参与和创新实践方面的核心素养要求③，引导学生将个人兴趣发展为志趣和坚定的理想。

以生为本就是要尊重学生的个性与差异。多年来学校分 3 个批次录取学生，基于学生生源差距较大的现实，学校坚持“主动谋划、尊重差异、试点先行、分步实施”的原则，构建“海魂育新”特色课程，组建特色班——育新班，新建了育新楼和创客空间实验室，命名了育新路以及广州市第一个 5 A 级育新园，鼓励师生不断创新，运用信息技术分析和解决问题，主动适应未来教育。

育新班遵循学生自愿原则，通过心理测试、创新能力测试和无领导小组面试等方式选拔三类学生：一是学习基础较好，操作能力强；二是

① 傅健民. 校本课程开发中的教师与校长[M]. 广州：广东教育出版社，2003.

② 教育部. 关于全面深化课程改革落实立德树人根本任务的意见（教基〔2014〕4 号）[Z].2014.

③ 刘国飞，冯虹. 核心素养视角下关于校本课程的几点思考[J]. 教学与管理，2016（21）：76-79.

在学科竞赛、创新创意等方面表现突出；三是在体艺、逻辑、国学等方面具有特长。育新班由校内名师担任导师，采用小班教学，进行个性化指导，除了学习国家课程，还可学习国学经典、船模制作等课程，参加海洋探究、海洋生态考察等活动，培养探究能力和创新能力。

学校40个社团的组团模式分为教师组团、学生组团和外聘指导老师三种，在每周二、周四下午开展活动。基于兴趣爱好和能力不同，在体育课与健康课上，学生可以选择三大球、啦啦操、船拳、旗语等课程；在信息与通用课上，学生可以选择木工、网页设计、手机App编程、创意电子制作等课程；在美术与音乐课上，学生可以选择书法、折纸、扎染、陶艺和音乐剧等课程。

当然，在课程规划过程中，需要注意防止两种倾向：一是将“校本课程”变成“校长课程”。即校长没有对学生的发展需要进行充分调研与论证，而是想当然根据自己的“办学思想”去设置课程；二是将“校本课程”变成“教师课程”。即基于教师兴趣或能力去开发课程，与学校课程愿景脱节。学校的教育哲学要避免空泛和笼统，校长不是一味推行自己的“教育思想”，也不是随意选取当下热点去哗众取宠，而是在继承和发扬的基础上，选取有价值、有品位和有意义的特色文化，将促进学生发展、真心帮助教师专业成长和打造学校特色结合起来考虑。

4. 整体规划课程体系，整合各类课程资源

新课改背景下的学校课程建设不是局部的修修补补，而是对学校课程的系统优化和整体改进[①]。课程规划不是简单重复“目标模式”或“过

① 李洁，汪明. 当前学校课程建设的“三个面向”[J]. 教学与管理，2019（4）: 69-71.

程模式”，必要的顶层设计是避免机械套用和走向异化的前提和基础①。

做好课程整体规划的关键是在结构主义视野下构建学校课程体系，课程结构大致有两个领域组成。第一个领域是学科课程领域，包括知识的习得与巩固、知识意义的理解与凝练以及知识的有意义运用与创造。第二个领域是活动领域，包括自律的课题设定与探究（元认知系统）、社会关系的自治性组织与重建（行为系统）。课程规划要体现系统性思维，体现系列性和进阶性。

学校整体构建课程体系基于以下思路：一方面，将学科课程领域进行分类，通过整合课程、调整学科知识模块后水平推进课程建设；另一方面按照考试类型分成学业水平和高考水平两个层次，分类管理。学校以学科知识为中心，学生确定高考选择性科目，理科进行水平分层，合格性考试增设可选择的拓展课；对于非高考科目，以学生兴趣为中心，实行模块化教学；对于社团活动，侧重体验和探究，锻炼学生管理、组织和策划等能力。

整体构建学校课程体系，离不开各类课程资源的整合与优化。新课改将课程资源作为一个重要理念提出来，打破了“教科书至上”的固有观念，提倡优化整合各种教育资源。

教师是学校第一校本资源，构建课程管理共同体是调动积极性的有效手段。学校现有正高级1人，副高级教师109人，南粤优秀教师4人，省、市骨干教师多人。学校通过构建学习共同体，邀请高校和外校专家进课堂，一起做课题，深化课程研究、合作等主体意识与能力。学校还

① 汪明. 基于核心素养校本课程开发的“为何”与“如何”[J]. 教学与管理，2017（19）：36-38.

成立了南沙一中教育集团，将教师从“学校人”转变为“集团人”，逐步实现校际骨干教师的资源共享。

信息技术也是学校重要的课程资源。2020 年，一场突如其来的新型冠状病毒肺炎疫情导致学校无法如期开学，学校利用智慧课堂平台的多维互动功能，通过每人一台 IPAD 与后台互联，教师能及时了解学生的学习情况，进行精准备课、上课和课外辅导，将学生作业、成绩、考勤等情况一键分享给学生和家长，学生能够根据后台智能推送的个性习题精准补充学习盲点。通过人工智能等新技术与教育深度融合，学校采取直播课、录播课、在线答疑等多种形式开展线上“空中教育”，丰富了网络时空下教与学的新方式，有力促进了教与学的减负增效。

同时，学校强化与高校、企业、社会等合作，先后与广州大学、广州航海学院、华南师范大学等多所大学和广船国际、中国船舶重工集团公司七一四研究所，广州中船龙穴岛造船基地、广州南沙职业技能培训服务有限公司等企业建立合作实践关系，为拓宽学生视野提供了平台。

新课程实施后，教学班要根据学生选课的结果来确定，导致高考走班教学使学校场室相形见绌。学校通过资源优化，尝试错峰使用、一室多用的方法，为学生进行模块化选修提供空间条件。比如，录播室可以和考务室、会议室以及晚修自习室合并考虑，综合考虑学校与学生需求，做到物尽其用。

5. 完善课程管理制度，力促课程开发专业化

校本课程顶层设计不能因为学校人事的变动而改变，要确保制度化和规范化。为此，学校制定了《校本课程规划方案》《高中生选课走班指导制度》《学生生涯规划指导制度》《校本课程开发评审制度》《校本课程实施质量监测与评价制度》等方案与制度。

高中课程改革强调共同基础和个性发展的培养目标，需要完善专业的学生发展指导制度①。学校紧盯时代前沿，引入学生发展指导课程：一类是知识方法型课程，侧重职业认知、生涯规划理念以及生涯规划方法等方面的知识与方法；另一类是体验实践型课程，侧重引导学生在情景体验和任务驱动中感知与实践。学校现有专职心理教师 2 名，其中一名老师还是南沙区教研会会长，通过生涯规划指导，不仅激发学生学习兴趣，增强自我管理意识与能力，还促进他们的认知和情感统一发展。

目前，多数学校由教导处统筹校本课程管理，教研组长负责教学和教研活动，科研处定期进行课题研究，年级组则负责规范课程管理方式。然而，多头管理使教师专业权受到约束，缺乏强有力的组织建设和良好的运行机制。

对此，学校采用扁平化或互动化管理方式，成立由校长和学科带头人为核心的课程建设与监测中心。打破了科层管理的桎梏，不定期检查校本课程实施情况，及时、真实地获得课程需求与实施难题等信息，形成教研评修一体的管理闭环。

如果把整体课程体系比作是学校育人大厦的地基，那么教师就是建设这个地基的设计者和实施者。为了提高教师的课程开发能力，在制度层面上，学校组建了教师发展中心和课程建设与监测中心，负责课程的开发、实施、管理和评价，提升课程领导力。在实施层面上，采取“外

① 袁振国. 培养创新型、国际型、综合型人才是学校变革的时代使命[J]. 上海教育，2015（21）1-1.

引内培”的方式促进教师专业发展。一方面借鉴浙江、上海和北京等地区先进经验，邀请专家来学校指导，提升校本课程开发水平。另一方面，委派教师到教育部基础教育课程中心、北京十一中、北京35中等知名学校学习，提升校本课程开发能力与广度。在硬件方面，建设了自动录播室、海洋展览室、船模创作室和海洋科学实验室，力促教师的课程开发向专业化发展，并将师生的创意转化为作品或产品。

为了保证课程开发的持续性，学校建立健全课程准入和退出机制。通过审核课程目标的合理性、教师的课程开发能力以及课程开展的资源条件，以决定教师申报的课程能否实施，并对课程实施效果进行评估，通过师生总结、课程管理检查等信息评判该课程是否继续开展。学校还建立科学合理的校本培训机制，实施“分层培训、课题引领、学研结合”的阶梯式培训，通过实施“学科驱动、骨干先行”策略，使课程意义从学生单向发展迈向师生双向共同发展。

四、学校育人模式变革的成效与问题

雅斯贝尔斯（Karl Theodor Jaspers）曾指出：“教育首先是一个精神成长的过程，然后才成为科学获知过程的一部分。”至此，学校整体课程体系已基本成形，“海魂育新”校本课程获广州市特色课程重点立项。学校坚持兼顾数量与质量，逐步实现评价标准的多元化，坚持关注个体差异化，在适合教育理念的引领下，学生胸怀宽广了，思维创新了，教师能力增强了，学校特色发展了。

1. 分类评价，激发师生发展内动力

学校坚持开放和包容的原则，充分征求师生意见，将教师分成高考

科目类、非高考科目类和教辅人员类三类进行评价，对不同主体提出不同的评价标准。结合多种方式评价方式，按一定比例评出优秀教师，组建名师工作室，形成研修共同体。

南沙一中从广州市郊区薄弱学校一跃成为国家级示范性高中，初步呈现出群体多样性与个体独特性并存的和谐校园生态。以周博衡老师为代表的团队在“四模一电”中取得了优异成绩，共获两次国家级一等奖，四次省一等奖。教师从对校本课程开发的态度从一开始的抵触到配合，再到主动申请，充分体现了课程评价体系的导向动能和激励作用，带动了一批教师专业素质的提高。学校还编写了《走向海洋》《海洋.南沙》等多本海洋特色校本教材，创办了校报《育新》报和德育专刊《润心》报，起到了颇强的区域辐射作用。

2. 个性化指导，助力学生创新潜能发展

学校设立数据分析中心，建立学生数据库和资源库，并分析学生对各个知识点的掌握情况，实行分层评价，进行个性化指导。学校定期评出校园好声音、进步之星、每月之星、创造之星等，通过网站、宣传栏、短信等方式公示或报告家长，促进家校深度合作，激励学生全面而有个性地发展。学生陈洁华发明的“生命助手智能手环”荣获广东省少年儿童发明奖一等奖，李志锋发明的混合机械电子锁获广东省青少年科技创新大赛一等奖，并取得了国家专利。

在创新课程中，有的学生使用3D打印机先打印出肥皂模型，然后利用废弃油制作出创意肥皂，有的学生利用废弃物制作海洋植物细胞模型，有的学生利用所学知识作出各种味道的纯天然唇膏以及具有海洋风情的点心等。学生不仅学会了如何制作，更重要的是懂得了学以致用。学校正在建设海洋展览室、海洋体验室、船模创作室、海洋科学实验室和创客空间等场室，学生不仅可以全真模拟海上操作轮船，并有机会将自己的创意转化为产品。

3. 成果初显，夯实学校长远发展根基

过去 3 年，学校师生获得国家级奖项 50 多项，区级以上奖励达 400 多项，成功申报省级课题 4 个，市级以上课题 30 多个，两次获得广州市普通高中毕业班工作一等奖。目前，学校现有正高级 1 人，副高级教师 109 人，南粤优秀教师 4 人，省骨干教师 3 人、全国优秀教师各 1 名，广州市“百千万人才培养工程”2 人，区学科教研会会长 10 人，共有 5 个省、市、区名师工作室。

育人方式的转变也不是一蹴而就的，而是长期而动态的过程。转变育人方式需要理论联系实际，在课程实践中不断完善课程体系。当前，我们在课程建设中还面临许多挑战，比如，学校海洋文化课程的开发遇到瓶颈，特色不突出；学校多年没有新入职教师，老教师的课程开发能力仍需提高；学生仍然存在两极分化严重的问题，虽然在“强基计划”进行得如火如荼之时，学生的能力仍有待提高等。面对这些困难和挑战，学校始终依托海洋文化的定位，坚持以人的健全人格发展为核心，开发彰显学校核心价值、富有海洋特色的校本课程群。通过课程建设，全体师生转变了育人观念，提升了课程理解力和领导力，增强了对学校核心价值观的认同感，为进一步转变育人方式找到了方向。

第四节　四川内江第六中学：深化课堂教学的撬动

一、学校简介

四川省内江市第六中学（简称内江六中）创办于1939年秋，是四川省首批省属重点中学，首批国家级示范性普通高中和省一级示范性普通高中。学校获得全国红旗学校、全国文明校园、全国教育改革示范学校、省教育工作先进集体、省先进基层党组织等50余项荣誉称号，是一所历史悠久、底蕴深厚的卓越领航学校。经过八十余载的励精图治，学校已发展为“一校三区”，总占地450余亩，教职工598人，学生8 800余人。学校遵循“培养名师，造就名生，铸就名校”的发展思路，打造了一支师德高尚、教艺精湛的师资队伍，其中正高级教师9人，特级教师3人，省市级骨干教师103人，高级教师262人，先后有11位教师获国家政府荣誉，百余名教师在省级以上教学大赛中获特等奖或一等奖。学校坚持走质量立校、特色强校的内涵发展道路，深入推进教育教学改革，形成了崇实求精、追求卓越的教育生态。建立了内江市唯一的拔尖创新人才培养基地，为高水平大学输送了众多拔尖创新人才；以“优教乐学”为旨归，打造出内江六中特色教学模式——“学启思教学法”；积极发展数字教育，引进高端教育资源服务平台，努力实现全国优质教育资源在教育教学中的常态化运用；开发素质拓展精品课程，积极构建适合个性化发展需要的现代课程体系。在人才强国战略的指引下，勤劳智慧的内江六中人，正以苦修内功的定力和行胜于言的执行力，积极抢占未来教育的高地，开辟出一方最适宜教师立业和良才筑梦的教育沃土。

二、学校理念体系

四川内江第六中学以“崇实、求精”为办学核心思想，“崇实”即遵循科学规律，坚持实事求是，“求精”即志存高远，精益求精。在办学思想的指引下，学校进一步确立了“育创新人才，建西南名校”的办学目标和“全面发展，国家栋梁”的培养目标。学校秉持“依法治校、厚德载校、管理立校、科研强校、质量兴校”的治校方略，努力构建和谐统一的内江六中。在传承和发展中，基于学校文化传统和办学思想，凝聚了内江六中“三风一训”，即“厚德、笃学、崇实、求精”的校训、“爱国、文明、勤奋、创新”的校风、“敬业、博学、树德、育人”的教风、“尊师、重道、勤学、精思”的学风，“三风一训”内容一脉相承、协调统一，构成了内江六中教师学生日常教育学习生活的基本要求。例如，校训中的“厚德”要求内江六中人以德立校，以德立身，和衷共力，形成令乡梓生辉的名校风范；“三风”与之相互辉映，分别提出“爱国”的校风、“敬业”的教风、“尊师”的学风，在学校、教师、学生不同的主体上具体贯彻“厚德”的行为准则和规范。在此基础之上，学校进一步凝练出“爱国奉献、严谨务实、自强求真、追求卓越”内江六中精神内核，引导和激励广大师生勇担时代重任，追求真知、学做真人，努力提升学校综合发展水平。在这样的精神感召下，内江六中提出了教师形象标准（即有崇高温暖的情怀、广博精深的学识、科学艺术的方法、和谐健康的身心、追求卓越的精神）和内江六中学生形象标准（志存高远、品德高尚、文明守纪、勤奋求实、勇敢坚毅、身心健康），进一步细化师生发展目标和行为要求（详见图5-5）。

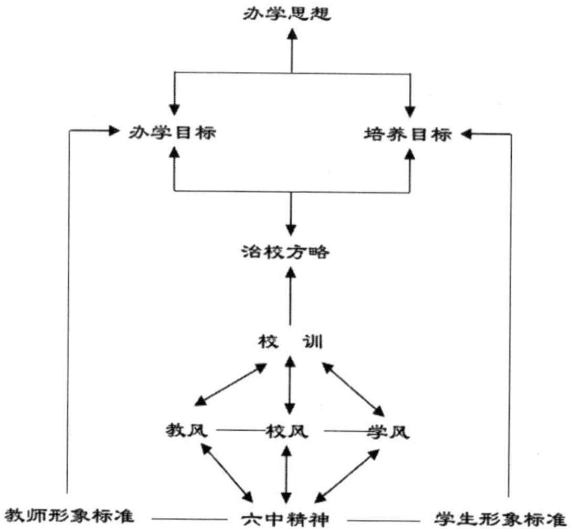

图5-5　内江六中办学理念体系

三、“学启思教学”高效课堂研究的基本思路

课堂教学是学校育人主渠道，也是学校办学理念体系得以真正落实到学生身上的关键环节，更是育人模式整体建构的落脚点所在。在诸新改革叠加实施的背景下，内江六中在课堂教学改革上下狠功夫，通过“学启思教学”高效课堂改革撬动学校育人模式的整体建构，取得较好的成效。

2014年，国家提出高考综合改革，意在以高考考试和高校录取方式的改革，充分发挥高考“指挥棒”作用，由“知识立意”到“能力立意”，再到“素养立意”，倒逼基础教育的改革。那么，基础教育到底应该改什么？2019年，中共中央、国务院相继出台《关于新时代推进普通高中育人方式改革的指导意见》《关于深化教育教学改革全面提高义务教育质量的意见》，明确回答了这个问题。其中提出“强化课堂主阵地作用，切实提高课堂教学质量”，“深化课堂教学改革。按照教学计划循序渐进开展教学，提高课堂教学效率，培养学生学习能力”等要求。这个要求也切中现行课堂中存在的弱化课堂主阵地作用、课堂低效等问题，以及由此产生的学生课后负担过重等不良影响。义务教育及高中学校就必须探索强化课堂主阵地作用、提高课堂教学效率的具体途径和操作办法，使国家的要求在学校实践工作中落地生根。

内江六中一直致力于课堂教学改革，于2010年起开展了“四步教学”应用推广。所谓“四步教学”，就是在教师规划的、预期学生达成的各项目标与学生现有水平之间搭建阶梯，让学生在各级阶梯的攀爬中逐渐深入理解、领悟所学内容，这是教学目标在学生中内化的过程。“四步”即推进课堂的四个阶段：预习尝试、精讲反思、练习应用、点拨提高，体现了课堂教学的流程性和渐进性特点，重视学生主体地位和作用。在“四步教学”的应用过程中，学校收到部分教师的建议，并借鉴福建省厦门市推出的教学改革经验，学习佐藤学先生关于活动教学的研究，于2012年起学校的课堂教学改革作了由“四步教学”向“活动元教学”的转变。“活动元教学”是指教师将学科知识提炼出核心问题，围绕核心问题设计课堂学习活动，组织学生参与活动，通过学生对活动任务的完成达到内化学科知识、习得学科方法、涵养学科文化的目的的一种教学组织形式。此转变不是推倒重来，而是将“四步教学”的流程性、循序渐进性特点和厦门市“活动教学”的参与性、学生主体性特点有机结合。

学校展开了一系列理论学习和赛课活动，教师在实践研究中总结出“活动元教学”的特点，即“以学生为中心，将教材内容问题化；以问题的解决为重点，将学科问题活动化，以活动的开展为主线，将知识方法结构化。”可见，“活动元教学”的研究应用在教师教学方式和学生学习方式的转变上产生了深入而广泛的影响。以上探索，既是学校教学研究的深厚土壤，又是后续课堂教学改革的实践基础。两种教学方式的共同特点有学生主体性特点、参与性特点、课堂推进的问题中心特点和流程性特点，但是又各存不足，如“四步教学”流程过于僵化，容易限制教师教学特长发挥和个性发展；“活动元教学”弹性过大，容易产生理解和实施偏差，实际运用中难于把握。经过一段时间的酝酿和反复研讨，学校决定以“学启思教学”为主流教学方式，并期望通过对此教学方式的学习研讨、运用完善和全面推广，丰富教师学养，提高教师素质；丰富课程资源，提高课堂效果。“学启思教学”的目的其一是总结近年来课堂教学改革经验，整合实践探索成果；其二是在鼓励课堂教学多元化的情况下，研究出操作性强的实操路径，有效指导课堂教学，有效提高学习效果、效率和效益。

学校提出的“学启思教学”以“学习前移、以学定教、问题导向、学生中心、追求高效”为指导思想，五个方面互为前提和条件，相辅相成。在以学生为中心的前提下，通过科学的形式，多元的方式，最终落实到“高效”这个目标上来，旨在在有效培养学生发展所必需的核心素养的基础上达成立德树人的根本教育目的。

四、“学启思教学”高效课堂研究的实践路径

为了有效开展研究，指导教学，使研究与实践有机结合，学校从以下方面开展工作。

1. 充分研讨，提高课堂教学改革的共识

一项新的教学模式的研究和推广，首先在于教师自身对这一研究的认识度和接纳度。为探索强化课堂主阵地作用、提高课堂教学效率的具体途径和操作办法，学校首先组织部分业务能力突出的教研组进行了专项研讨，分学科论证研究的必要性和可行性。主要包括高中语文、化学、生物、物理、数学学科分别进行教师和学生的问卷调查，了解教师对学科教学的认识和感受，掌握学生在学习过程中的状况。在问卷调查的基础上，整理各学科急需解决的问题。让教师在实际调研的基础上认识到改变教学模式，提升课堂效率的实际需求，从心理上认可和接纳，为研究工作做好准备。

2. 试点先行，提供充分的参考依据

在实践研究的初期，选择在语文、历史和地理教研组中先行研究实践，为全学科进行研究提供依据。三大学科以教研组为单位展开高效课堂研究。着重在打造预习资料、课堂活动、课堂练习等方面进行尝试和提炼，形成了校本资料和教学模式的雏形，为其他学科的研究提供了参考资料和研究思路。

3. 课题推动，持续激发研究内动力

在语文、历史、地理学科研究的基础上，为促进研究的科学性、规范性，学校成立了由党委书记、校长、语文、数学教研组长、教科室干

部作为主研人，所有学科全体教师作为参研人的课题研究小组。课题组成员多次通过知网查阅相关研究文献资料，并组织全体主研人员进行理论学习研究，在已有材料的基础上形成了阶段性研究报告，并以此申报了四川省教育学会立项课题。2020 年 8 月，课题成功立项，标志着“学启思教学”全校研究的开始，也意味着“学启思教学”成为内江六中课堂教学的基本模式。

4. 丰富载体，带动教师全员有效参与

为促进研究的有效推进，学校教师的全员参与，学校设计了丰富的活动，以活动为载体，稳步推进研究实践，实现全员参与。活动主要包括：理论学习和测试；教学案例设计比赛；“学启思教学”论文比赛；新教师“学启思教学”高效课堂优质课比赛；高级教师和部分优秀中级教师示范课活动。从教学理念、教学设计、课堂实践、总结提炼等方面做到全员参与，理论与实践相结合，研究与总结相结合，形成“研究—实践—展示—研究总结—实践—展示—研究总结”的持续研究机制。在研究过程中，既注意面的覆盖，也注重质的落实，更关注可持续发展，收到了很好的实效。

5. 拓展平台，推动课改成果不断深化

经过全校师生的共同努力，“学启思教学”研究有了阶段性成果。学校积极组织教师参加市级及以上赛课活动，以会议和讲座为平台，以学校联盟为纽带，在全市范围内积极推广，带动教学质量的稳步提升。学校推选优秀教师参加各级各类比赛，以展示课的形式向全市学校推介“学启思教学”经验；学校将实践研究所总结的方法和经验在全市毕业班工作会，学科研讨会上进行专题发言和专题讲座，将“学启思教学”研究推荐给兄弟学校；通过学校联盟，教师送教到兄弟学校，更好地推广“学启思教学”，助力区域教学的改革和进步。

五、“学启思教学”实施的成效与问题

1. 主要成效

（1）教师教学观念的改变

通过研究和实践，让教师的教学观念得到改变和完善。在实践“学启思教学”之前，教师普遍存在着轻预习重练习，轻讨论重讲解，轻学情重经验的误区。在实践研究的过程中，通过学生的变化，也让教师认识到教学方式的改变才能改变课堂效率、学习方法和思维能力，这是在实践中极具意义的收获。

（2）学生学习方法和态度、启发学生思维的改变

在“学启思教学”新授课、习题讲评课和复习课的教学实践中，学生学会通过自学、自练、互学、互练等方式对主要内容有初步感受和认知；通过参与同学讨论和倾听教师点拨引发对问题的深入思考，启发学生思维，学生在此过程中具备了全新的学习理念，改变了以往轻视预习，轻思考讨论的倾向，形成积极主动的学习态度。使学生的学习方法发生改变并产生新认知，领悟、顿悟学科思想。

（3）三种课型的课堂模式基本形成

通过“学启思”课堂教学改革的实践，学校从能落实、可操作、见成效的角度出发，深耕新授课（详见表 5-2）、习题讲评课（详见表 5-3）、复习课（详见表 5-4）三种课型，总结提炼出每种课型的具体操作

模式和基本流程，为课堂教学质量保障提供基础性支撑。三种课型的基本操作模式和流程如下。

表 5-2 “学启思”——“136 新授课”教学流程解析

<table>
<tr><th colspan="5" rowspan="2">3 段 6 步</th><th colspan="2">要 求</th></tr>
<tr><th>教 师</th><th>学 生</th></tr>
<tr><td>一</td><td colspan="4">有效的课前预习</td><td>①明确预习内容；②编订《预习卷》；③检查《预习卷》，掌握反馈信息；④制定课堂“六步”计划</td><td>①预习规定内容；②完成《预习卷》；③提出预习问题</td></tr>
<tr><td rowspan="6">二</td><td rowspan="6">学生为中心的课堂学习</td><td rowspan="6">六步</td><td>导课</td><td>以课题内容为情景的问题导入</td><td>①紧扣课题内容；
②问题贴切，情境逼真；
③语言精当而富有感染力，影像精美</td><td>配合入课堂</td></tr>
<tr><td>讨论</td><td>以预习问题为导向的小组讨论</td><td>①教师集中或分步展示主要问题（PPT）；
②教师巡查，了解讨论进度以便掌握时间；了解讨论深度和问题解决程度，以便调整精讲范围和起点</td><td>①人组讨论重点问题；
②人组讨论共性的难点问题</td></tr>
<tr><td>精讲</td><td>以讨论问题为中心的教师精讲</td><td>以问题为导向，围绕问题展开，合理引入微课、PPT 等。可采用的方式如下：
①以讲释疑：紧扣核心问题，直击要害；
②以问导思：必须提供精准问题，要求问题表述精当，设问具有吸引力；
③以演明理：采用演示方式，增强直观性、参与性、情境性，以形象带动抽象思维</td><td>配合回答</td></tr>
<tr><td>练习</td><td>以精讲问题为核心的课堂练习</td><td>教师提供课堂《课堂卷》。要求：针对本节课预习、讨论、讲解的问题；容量适中；偏重基础，有一定层次</td><td>完成《课堂卷》</td></tr>
<tr><td>点拨</td><td>以疑难问题为重点的及时点拨</td><td>紧扣题眼，精准点拨；抓住问题，逆向推理；切中起点，顺向表达。点拨于学生概念模糊处、思维受困处、规律和方法总结处、问题的分类讨论处</td><td>配合思考</td></tr>
<tr><td>总结</td><td>以主干问题为线索的纠错总结</td><td>整理，梳理知识要点，构建知识网络，总结思维方法、反思、总结经验教训</td><td>①同桌讨论练习结果；
②以主干问题为线索，学生归纳知识体系</td></tr>
</table>

续表

3段6步		要求	
		教　师	学　生
三	分层的课后练习	①根据学生情况选编课后《练习卷》，练习分“AB卷”，A卷为巩固练习，B卷为拓展练习； ②练习量不超过16k双面	独立作业
	及时的检测总结	①选编好单元、章、节检测题“AB卷”，A卷检测用，B卷为副卷，供A卷解答后再练习； ②选题要针对学习过程中暴露出的易错点、难点、盲点。AB卷要相互呼应，强调迁移变通应用； ③单元总结。可以采取“思维导图”等方式，让学生对单元内容重新整合加工	独立考试、独立总结、纠错

表5-3　“学启思”——“136习题讲评课”教学流程解析

3段	6点	要求	
		教　师	学　生
课前	错点反思	①批阅练习，按出错率确定讲评重点； ②按知识、题型、能力要求等分类，形成讲评课的模块	根据教师反馈的批阅信息，反思错点，可以做力所能及的错题重练
课堂	疑点讨论	展示批阅中发现、提炼的问题，按预定模块分别组织讨论	讲疑点，议疑点，分析原因，找出对策，选择性错题重练
	难点讲解	对小组讨论无法解决或不能充分解决的问题作为难点，教师要预设精讲方案，同时要及时生成新难点精讲方案	带着问题听课，做到动耳倾听、动眼观察、动口复述或表达、动手记录或演算、动脑思考等，增加听课的深度
	重点再练	课前针对出错率高的考点设计变式题，课堂定时练习，及时评价反馈	思想重视，精力集中；用课堂作业本规范作答；根据教师点评反思解答瓶颈，理顺思路
课后	要点归纳	利用课堂时间归纳知识的纵向、横向联系，形成逻辑框架，强调变通运用	在练习卷旁（或错题本）整理错题，整理内容包括：审题遗漏点、条件关联性、答题规范性、题型变式等，以达到举一反三的目的
	对点练习	选编对点练习题。目的是突出重点，拓宽加深，提高迁移运用能力	做到精力集中，定时练习；练后与前卷对比，自查自纠

表 5-4 “学启思复习课”三维度六方面实施表

<table>
<tr><th>序号</th><th>三维</th><th>六面</th><th colspan="2">教学方式</th></tr>
<tr><td rowspan="2">一</td><td rowspan="2">记忆</td><td>识记</td><td colspan="2">读教材、笔记、练习题</td></tr>
<tr><td>再现</td><td colspan="2">回忆、问答、默写、基础练习</td></tr>
<tr><td rowspan="2">二</td><td rowspan="2">重构</td><td>分析</td><td colspan="2">独立分析、小组讨论、教师点拨知识的逻辑联系</td></tr>
<tr><td>综合</td><td colspan="2">整理逻辑结构图，如画思维导图等</td></tr>
<tr><td rowspan="2">三</td><td rowspan="2">运用</td><td>运用</td><td>“三基”运用，即对基础知识、基本技能、基本方法的运用</td><td rowspan="2">教师讲评、同学互评（错点、难点），评价（学情）</td></tr>
<tr><td>创造</td><td>创新运用，如新情境、生活生产实际、开放性等运用</td></tr>
</table>

2. 主要问题

如何在实施“学启思教学”的过程中有效解决学科差异。因全学科覆盖进行“学启思教学”实践，学科差异成为必须考虑的问题。一些学科照搬硬套产生唯模式化的课堂，对高效课堂极其不利，甚至非常低效，这要求学科组的研究应该立足本学科的特点，最终形成个性化的操作流程。此外，学生预习效果还不尽人意。现阶段学生的课后作业是影响预习效果的较重要的因素。如果学生用于作业的时间过多，则不能有效地进行预习，因而在“学启思教学”实施过程中，合理的作业设计是应该研究的内容。

第六章　研究结论与反思

普通高中教育作为人才成长和发展过程中重要的过渡阶段，是建设教育强国的重要基石和支柱。新版普通高中新课标指出高中阶段教育是学生个性形成、自主发展的关键时期，对提高国民素质和培养创新人才具有特殊的意义。2019 年国务院办公厅印发的《关于新时代推进普通高中育人方式改革的指导意见》勾画出普通高中育人方式改革的宏伟蓝图，这就要求每所高中学校积极推动育人模式转变，将国家政策要求有机融入育人全过程。学校育人模式整体建构正是推动高中学校办出特色、办出水平的有效途径，因此需要深化对育人模式整体的理解和认识，这也是本书的出发点和归宿。与此同时，高质量发展的也要求缓解甚至解决“县中塌陷”问题，更多关注县域高中发展，使得普通高中育人模式整体建构的重点难点集中在县中。

一、科学认识和把握育人模式整体构建

1. 育人模式变革是一个系统工程，需要多方协同共建

学校是在教育方针的指导下，有计划、有组织、有目的地对受教育者进行系统的教育活动的组织机构。学校教育服务于人的全面发展。也正因如此，学校教育应关照所有学生的发展，关照学生发展的所有方面，

为实现全体学生全面而有个性的发展提供系统性支持。这就要求学校教育工作中的各个系统和各个要素之间有机配合，形成支持学生发展的空间和平台。

换言之，学校发展应注意整体性，准确把握学校教育的整体性是科学认识学校发展的要求。育人方式变革涉及学校教育工作的方方面面，既需要教育外部环境、资源、政策和机制的支持，也需要学校教育内部各种要素的有机协调，包括课程建设与实施、学校管理体制机制、学生和教师评价、学生发展指导等。任何一个要素的“瘸腿”都难以构成一个良好的育人模式。江苏省以普通高中课程基地建设促进育人模式转型的案例充分证明了育人方式改革的复杂性。江苏省采取省级统筹、行政驱动的策略，从全省着手，统筹协调，并充分利用行政的力量，持续深入地推进工作；在此基础上建立了完善的保障体系，强化科研的引领作用，搭建平台，加强基地学校之间的交流合作，深入推进课程基地的学科建设、教学研究和规范管理，等等。

2. 育人模式变革要始终坚持初心，立德树人根本任务不能丢

不管采用什么样的办学方式，普通高中学校都应深度思考“学校究竟要培养什么样的人”的问题。普通高中学校应围绕这一根本性问题重新审视学校的办学理念和定位，以提高学生的综合素质为导向，将高中教育的重心从原有的“高考主义”转向“素质主义”；努力创新办学思路，立足自身历史和现有资源，寻找新的立足点和成长点，开展特色办学，发展合适又有质量的教育。

深化普通高中教育改革重点在于供给侧改革。它是高中教育改革的主要范式，显现出这样的趋势：突破价值导向和政策层面，超越宏观层面上教育资源总量和结构上的改革，深入普通高中教育内部，从高中学校育人要素的重组中要内涵，从高中育人模式转型中要质量，办出内在价值与工具价值相统一的高中教育，使社会人才需求的多层次性、多样性与人的发展的多层性、多样性相协调。

3. 育人模式变革需要改革和创新，需要顶层设计支撑

育人模式变革不是一种贴标签式的口号，是需要广大教育实践工作者真刀真枪地进行改革和创新，也更需要在科学的办学理念引领下整体建构学校育人模式，做好学校发展的顶层设计。这其中要注意科学梳理、提炼和表达学校的办学理念，反复思考“学校是什么”“学校具有什么使命”“发挥什么作用”等一些对学校基本问题的价值判断和识别。学校办学理念的凝练是一个价值澄清的协商共治过程。首先需要以校长为首的学校教育共同体确认学校的价值与功能、学校教育的价值与功能、什么样的教育是好的教育等基本理论问题。学校服务的对象是未完成的人，为党育人、为国育才是新时代学校教育工作的使命，立德树人是学校教育的根本任务。其次要结合学校育人的实际情况，推动学校办学理念的真正落实。学校办学理念不应停留在口号层面，而应通过学校各领域的目标设定、制度建设等，推动抽象的办学理念转化为具体的育人举措。

4. 育人模式变革需要找到切入口，实现以点带面

育人模式变革并不是短时间内能够完成的，而是需要不断地积累。同时，育人模式变革也需要在整体建构的前提下，突出重点，确定改革创新的突破口，带动其他育人要素的变革，实现以点带面。北京育英学校以高中课程重构为切入口，试图通过构建符合新时代要求、体现育英特色的学校课程体系，撬动普通高中育人模式变革。成都七中利用信息技术手段，开展全日制远程教学，改变了优质教育资源的传播和辐射方式，进而撬动了供给双方育人模式的变革。上海市市西学校聚焦激发学生思维、促进学习优势发展的目标，以建设新型学习环境——思维“广场”为起点，再造教学流程、重构学习环境，倒逼教学变革，引导学生优势学习。这些案例充分说明普通高中育人模式变革在具体实践过程中要找到符合学校特色和基础的切入口，将变革的重点从“生产力”变革转向“要素”变革，由此带动学校育人模式的整体转型。

二、推动育人模式整体建构重点在县中

当前，县域高中发展问题已经成为高中教育发展乃至基础教育高质量发展的重要问题。2019 年，教育部办公厅印发《关于严格规范大中小学招生秩序的紧急通知》，对普通高中招生行为作出明确规定，叫停几类有碍普通高中教育生态的招生行为，例如“掐尖”招生、跨审批区域招生、民办学校与公办学校混合招生等。2021 年末，教育部等九部门出台了《“十四五”县域普通高中发展提升行动计划》，聚焦高中教育发展中短板，从深化招生管理改革、加强教师队伍建设、改善办学薄弱环节、提高教育教学质量四方面推动县中高质量发展。这就要求县域高中在未来一段时期内的核心任务在于转变育人模式，注重学生综合素质的培养。这些对县域高中来说无疑是政策上的利好，面对教育政策支持上的“春风”县域高中应坚定未来转型发展的信心。

与此同时，扭转地方政府政绩观和评价观，引导县域高中回归育人

本质，突出特色发展对学校整体教育质量的拉动作用。当前，县域高中发展总是倾向于与更高层级的重点高中进行比较，对学校自身优势的认识和挖掘不足，仍延续着“血泪式”应试教育的做法，改革创新的动力和能力有待提升。各地政府应推动普通高中注重内涵建设，利用新高考改革的机会，形成学校发展的特色。

更新发展方式和发展策略。进一步明确省、市、县各级政府在普通高中教育发展过程中的职责，提高省级财政统筹普通高中教育的力度。构建区域性普通高中教育改革发展支持机制，整合政府、教育行政部门、高校与研究部门、教研部门、社会专业组织、高中学校等各方力量，形成推动改革发展的合力。地方政府和教育行政部门主要负责制定规则和平台，由高校与研究部门、社会专业组织等提供专业技术支持（尤其是在综合素质评价、学生发展指导等方面），帮助高中学校提升自身的育人能力。根据县域普通高中教育规模适当组建普通高中协同发展共同体，普通高中学校在5所及以上的县构建本县学校为主的协同发展共同体，普通高中学校在5所以下的县，由主管市级政府推动构建协同发展共同体，聚焦课堂建设和教师队伍建设两个核心主题开展相关活动，缩小县域内高中差距以及县域高中与市域高中的差距，整体提升高中教育质量。要充分重视普通高中教师队伍建设，加大政府对编制的统筹调配力度，优先保障普通高中教师编制需求，以满足新高考对教师总量和结构的要求。对县域高中实行“一校一策”，以教师能力和课堂建设为突破口，提升县域高中内涵，引导和帮助这些普通高中学校摆脱应试教育模式。

后　　记

本书系中国教育科学研究院中央级公益性科研院所基本科研业务费专项资助“普通高中育人模式整体建构研究”（GYH2020005）的研究成果，由中国教育科学研究院基础教育研究所李建民主持完成。

本书围绕新时代普通高中育人方式改革如何有效落地展开，紧扣育人模式整体建构这个集理论与实践于一体的课题展开，从对学校以及学校发展的理论认识着手，分析探讨了育人模式整体建构的方法和路径，并择取四所高中学校的实践案例，展现了项目推动、体系构建、课程引领、课堂撬动等路径对育人模式整体建构的积极意义，为学校整体提升办学水平提供了认识论和方法论参考。

此次研究实施过程得到了中国教育科学研究院多位领导的关心、指导、支持和帮助，也得到了广州市教育局基教处副处长黄艳、东阿一中校长韩峰、中国教科院毕诚研究员和方铭琳副研究员等专家领导的支持和鼓励，从框架形成到研究具体展开的全过程提供了宝贵意见。书中四个案例分别有四所典型高中学校提供，分别是广州市玉岩中学（负责人：陈克；执笔人：翁晓燕、吴光潮）、山东东阿县第一中学（负责人：韩峰；执笔人：杨存玉）、广州南沙一中（负责人：陈宏峰；执笔人：龚作导）和四川内江第六中学。在此，课题组表示诚挚的感谢。

普通高中教育改革是一场不断求索的旅程，更是不断思索和拷问的修行。这一路上有团队的相伴和扶持，有前辈的点拨和建议，有亲人的支持和鼓励，也更需要有同道中人的交流与对话。希望本书能够“抛砖引玉”，激荡起我国普通高中育人方式改革的点点浪花。囿于作者水平有限，书中难免会存在纰漏之处，请广大读者批评指正。

李建民

2023 年 1 月